57

Coleção
LEIS ESPECIAIS
para **concursos**

Dicas para realização de provas com questões de concursos e jurisprudência do STF e STJ inseridas artigo por artigo

Coordenação:
LEONARDO GARCIA

LEI DE ACESSO À INFORMAÇÃO

Lei 12.527/2011

57

Coleção
LEIS ESPECIAIS
para **concursos**

Dicas para realização de provas com questões de concursos
e jurisprudência do STF e STJ inseridas artigo por artigo

Coordenação:
LEONARDO GARCIA

LEONARDO TORRES

LEI DE ACESSO À INFORMAÇÃO

Lei 12.527/2011

2019

EDITORA *Jus*PODIVM

www.editorajuspodivm.com.br

EDITORA *Jus*PODIVM
www.editorajuspodivm.com.br

Rua Território Rio Branco, 87 – Pituba – CEP: 41830-530 – Salvador – Bahia
Tel: (71) 3045.9051
• Contato: https://www.editorajuspodivm.com.br/sac

Diagramação: Luiz Fernando Romeu *(lfnando_38@hotmail.com)*

Capa: Ana Caquetti

T693l Torres, Leonardo.
Lei de Acesso à Informação/ Leonardo Torres – Salvador: Editora JusPodivm, 2019
192 p. – (Leis Especiais para Concursos / Coordenação Leonardo Garcia)

Bibliografia.
ISBN 978-85-442-2859-3.

1. Direito Administrativo. 2. Informação. I. Torres, Leonardo. II. Garcia, Leonardo. III. Título.

CDD 384

Primeiramente, agradeço à Letícia e ao Theozinho,
pelo amor, paciência, felicidade e carinho.
Agradeço aos meus pais, Meires e Xisto (*in memoriam*),
pela infância, pelo incentivo aos estudos e pelo que sou hoje.
Agradeço igualmente à toda equipe da Editora Juspodivm,
em especial ao amigo Leonardo Garcia, profissional de extrema
competência que depositou sua confiança em meu trabalho.
Não poderia deixar de agradecer à valiosa amiga e colaboradora
Fernanda Siebra, pelo apoio técnico e pesquisa,
dedicando muito trabalho ao projeto em questão.
Por fim, um agradecimento especial aos meus alunos
e a todos aqueles que de alguma forma fizeram
ou fazem parte da minha trajetória.

Proposta da Coleção *Leis Especiais para Concursos*

A coleção *Leis Especiais para Concursos* tem como objetivo preparar os candidatos para os principais certames do país.

Pela experiência adquirida ao longo dos anos, dando aulas nos principais cursos preparatórios do país, percebi que a grande maioria dos candidatos lê apenas as leis especiais, deixando os manuais para as matérias mais cobradas, como constitucional, administrativo, processo civil, civil, etc. Isso ocorre pela falta de tempo do candidato ou porque faltam no mercado livros específicos (para concursos) em relação a tais leis.

Nesse sentido, a Coleção *Leis Especiais para Concursos* tem a intenção de suprir uma lacuna no mercado, preparando os candidatos para questões relacionadas às leis específicas, que vêm sendo cada vez mais contempladas nos editais.

Em vez de somente ler a lei seca, o candidato terá dicas específicas de concursos em cada artigo (ou capítulo ou título da lei), questões de concursos mostrando o que os examinadores estão exigindo sobre cada tema e, sobretudo, os posicionamentos do STF, STJ e TST (principalmente aqueles publicados nos informativos de jurisprudência). As instituições que organizam os principais concursos utilizam os informativos e as notícias (publicados na página virtual de cada tribunal) para elaborar as questões de concursos. Por isso, a necessidade de se conhecer (e bem!) a jurisprudência dos tribunais superiores.

Assim, o que se pretende com a presente coleção é preparar o leitor, de modo rápido, prático e objetivo, para enfrentar as questões de prova envolvendo as leis específicas.

Boa sorte!

Leonardo Garcia
Coordenador da coleção
www.leonardogarcia.com.br
Instagram: @professorleonardogarcia

Sumário

Abreviaturas Utilizadas nas Referências e nos Comentários

ADI	Ação Direta de Inconstitucionalidade
ARE	Recurso Extraordinário com Agravo
BC	Banco Central
CF	Constituição Federal
CGU	Controladoria-Geral da União
CP	Código Penal
CPC	Código de Processo Civil
CNJ	Conselho Nacional de Justiça
CNMP	Conselho Nacional do Ministério Público
CMRI	Comissão Mista de Reavaliação de Informações
DAS	Grupo- Direção e Assessoramento Superiores
DUDH	Declaração Universal de Direitos Humanos
LAI	Lei de Acesso à Informação
MS	Mandado de Segurança
NSC	Núcleo de Segurança e Credenciamento
ONU	Organização das Nações Unidas
OSCIP	Organizações da Sociedade Civil de Interesse Público

RE	Recurso Extraordinário
SIC	Serviço de Informações ao Cidadão
STF	Supremo Tribunal Federal
STJ	Superior Tribunal de Justiça

Introdução: considerações sobre a Lei de Acesso à Informação (Lei 12.527/2011)

I. CONSIDERAÇÕES INICIAIS

O direito de acesso à informação tem assento constitucional e foi consagrado pelo Constituinte Originário como direito fundamental. Neste sentido, estabelece o artigo 5º, XXXIII da CF/88:

> "todos têm direito a receber dos órgãos públicos informações de seu interesse particular, ou de interesse coletivo ou geral, que serão prestadas no prazo da lei, sob pena de responsabilidade, ressalvadas aquelas cujo sigilo seja imprescindível à segurança da sociedade e do Estado".

Desta forma, a Lei Suprema ratifica, expressamente, que a todos é assegurado o direito de acesso a informações públicas sobre atos de governo junto aos órgãos públicos, restringindo tal prerrogativa apenas em situações excepcionais, como por exemplo, àquelas em que o sigilo seja imprescindível à segurança da sociedade e do Estado.

Ademais, no artigo 5º, tem-se o inciso LX que se coaduna com o inciso XXXIII ao aprazar que "a lei só poderá restringir a publicidade dos atos processuais quando a defesa da intimidade ou o interesse social o exigirem". Cabe assinalar, corroborando as regras inscritas no inciso LX, do artigo supracitado da Constituição Cidadã, a ímpar explanação de Maria Sylvia Zanella Di Pietro[1]: "como a Administração Pública tutela interesses públicos, não se justifica

---

1. DI PIETRO, Maria Sylvia Zanella. Direito Administrativo. 27ª Edição. São Paulo: Atlas, 2014. p. 65.

o sigilo de seus atos processuais, a não ser que o próprio interesse público assim determine"[2].

A jurisprudência moderna do STF igualmente assinala nesse sentido:

> "a publicidade assegurada constitucionalmente (art. 5º, LX, e 93, IX, da CRFB) alcança os autos do processo, e não somente as sessões e audiências, razão pela qual padece de inconstitucionalidade disposição normativa que determine abstratamente segredo de justiça em todos os processos em curso perante vara Criminal". (STF, ADI 4.414, Rel. Min. Luiz Fux, DJE. 17.6.2013)

No que concerne à intimidade e à vida privada dos cidadãos, diante da inviolabilidade de tais direitos, similarmente, surgirão algumas situações de sigilo, justamente para preservar tais garantias. Neste sentido, estabelece o art. 5º, X, da CF/88:

> "são invioláveis a intimidade, a vida privada, a honra e a imagem das pessoas, assegurado o direito a indenização pelo dano material ou moral decorrente de sua violação".

Para mais, discorrendo quanto às situações legais de sigilo, tem-se, ainda, no art. 5º, o inciso XIV que preconiza:

> "é assegurado a todos o acesso à informação e resguardado o sigilo da fonte, quando necessário ao exercício profissional".

Cabe assinalar, ainda, o artigo 37, § 3º, II, da CF/88, que consagra o "Princípio da Participação", onde prevê que a lei disciplinará as formas de participação do usuário na Administração Pública Direta e Indireta, em especial, "o acesso dos usuários a registros administrativos e a informações sobre atos de governo, observado o disposto no art. 5º, X e XXXIII".

Portanto, é possibilitado o direito de livre acesso à informação, desde que a privacidade seja garantida; posto que informações pessoais, que dizem respeito a privacidade ou a intimidade de qualquer indivíduo, são consideradas originariamente sigilosas, não podendo ser acessadas deliberadamente pela sociedade em geral.

---

2. Quanto à publicidade dos atos processuais, temos, além do mais, o art. 93, inciso IX, onde sustenta que "todos os julgamentos dos órgãos do Poder Judiciário serão públicos, e fundamentadas todas as decisões, sob pena de nulidade, podendo a lei, se o interesse público o exigir, limitar a presença, em determinados atos, às próprias partes e a seus advogados, ou somente a estes".

Veremos, em momento oportuno, que a Lei nº 12.527/11 estabelece que dados e informações que versem sobre a intimidade, honra e a imagem de qualquer indivíduo não são públicas e, por conseguinte, são protegidas por seus dispositivos pelo prazo de 100 (cem) anos, podendo ser acessadas pelo próprio e por terceiros, nas hipóteses igualmente transcritas na própria Lei.

Nesta mesma toada, temos artigo 216, § 2º, da CF/88, que designa:

> "cabem à administração pública, na forma da lei, a gestão da documentação governamental e as providências para franquear sua consulta a quantos dela necessitem".

Com intento de dar aplicabilidade prática aos mandamentos constitucionais, que garantem o acesso aos documentos públicos de interesse particular ou de interesse coletivo ou geral, em um primeiro momento, foi promulgada a "tímida" Lei nº 11.111, de 5 de maio de 2005 - regulamentando a parte final do inciso XXXIII do art. 5º da Constituição Federal -, que, ulteriormente, foi revogada pela Lei nº 12.527/11, a Lei de Acesso a Informação, muito mais robusta e abrangente, que, além de regulamentar o inciso XXXIII, deu "vida", inclusive, a outros dispositivos constitucionais (art. 37, § 3º, II, e o art. 216, § 2º)[3].

Sem embargo, não obstante a promulgação da Constituição Federal de 1988, asseverando dogmaticamente o direito de acesso à informação, tal prerrogativa perdurou, perenemente, sem ato normativo que a regimentasse. Fazia-se, então, necessária uma atuação do legislador infraconstitucional para alicerçar as formas de participação do usuário na Administração Pública e designar quais os requisitos deveriam ser preenchidos e quais procedimentos deveriam ser adotados para efetivar o acesso aos documentos públicos de interesse particular ou de interesse coletivo ou geral.

Por se tratarem de normas constitucionais de eficácia limitada, ou seja, que se sujeitam a emissão de norma posterior editada por legislador infraconstitucional, para adquirirem eficácia - capacidade de execução

---

3. Segundo Márcio Tadeu Guimarães Nunes, a LAI "teve por escopo tratar, basicamente, de dois grandes projetos constitucionais, quais sejam: o artigo 37, § 3º, II e artigo 216, § 2º". NUNES, Márcio Tadeu Guimarães. Lei de Acesso à Informação: Reconstrução da Verdade Histórica, Ambientes Regulatórios e o Direito à Intimidade- São Paulo: Quartier Latin, 2013. P. 125.

dos interesses visados-, somente obtiveram alcance prático com o advento da Lei de Acesso à Informação (LAI) - Lei nº 12.527, editada em 18 de novembro de 2011, vigorando em 16 de maio de 2012.

Consoante prolação de Luís Roberto Barroso[4], "normas de eficácia limitada são as que não receberam do constituinte normatividade suficiente para sua aplicação, o qual deixou ao legislador ordinário a tarefa de completar a regulamentação das matérias nelas traçadas em princípio ou esquema". Contudo, estas normas, ao contrário do que ocorria com as ditas não autoaplicáveis, não são completamente desprovidas de normatividade. Pelo contrário, são capazes de surtir uma série de efeitos: revogam as normas infraconstitucionais anteriores com elas incompatíveis, constituem parâmetro para a declaração da inconstitucionalidade por ação e por omissão e fornecem conteúdo material para a interpretação das demais normas que compõem o sistema constitucional.

Portanto, foi expressamente designada ao Estado a incumbência de garantir aos cidadãos o acesso a informações de forma transparente, clara e de fácil compreensão, por intermédio de mecanismos ágeis e objetivos.

II. A LEI DE ACESSO À INFORMAÇÃO E O PRINCÍPIO CONSTITUCIONAL DA PUBLICIDADE

Assim sendo, como os demais atos normativos, objetivando garantir aos cidadãos o direito fundamental de acesso à informação, todos requisitos e procedimentos elucidados na LAI devem ser efetivados em observância aos cinco mandamentos mínimos balizadores de toda atuação da Administração Pública, previstos expressamente no artigo 37, *caput*, da Constituição Federal de 1988, onde é previsto que:

> "a administração pública direta e indireta de qualquer dos Poderes da União, dos Estados, do Distrito Federal e dos Municípios obedecerá aos princípios de legalidade, impessoalidade, moralidade, publicidade e eficiência".

Segundo entendimento de José dos Santos Carvalho Filho[5], o Princípio Constitucional da Publicidade "indica que os atos da Administração

---

4. BARROSO, Luís Roberto. Curso de Direito Constitucional Contemporâneo – Os conceitos fundamentais e a construção do novo modelo. São Paulo: Saraiva 2ªed. 2010. p. 251.
5. CARVALHO FILHO, José dos Santos. Manual de direito administrativo/José dos Santos Carvalho Filho. – 31. ed. rev., atual. e ampl. – São Paulo: Atlas, 2017. P. 51.

devem merecer a mais ampla divulgação possível entre os administrados, e isso porque constitui fundamento do princípio propiciar-lhes a possibilidade de controlar a legitimidade da conduta dos agentes administrativos. Só com a transparência dessa conduta é que poderão os indivíduos aquilatar a legalidade ou não dos atos e o grau de eficiência de que se revestem".

À vista disso, o Princípio da Publicidade coíbe a edição de atos secretos pela Administração Pública, impondo que seus atos obrigatoriamente tenham a mais ampla divulgação possível entre seus administrados, reforçando a ideia de que o Estado não atua em nome próprio, mas sim em nome do povo, em prol do interesse público.[6]

Fernanda Marinela[7] clarifica que "a publicidade, como princípio de Administração Pública, abrange toda a atuação estatal, não só sob o aspecto de divulgação oficial de seus atos, como também de propiciação de conhecimento da conduta interna de seus agentes e como garantia de informação". A autora ainda elucida que "a publicidade também viabiliza o controle e a fiscalização dos atos praticados pelo Poder Público, seja pelos interessados diretos ou pelo povo em geral".

Dessa maneira, uma ampla publicidade dos atos de governo acarreta, consequentemente, na promoção de uma gestão pública eficiente, com cidadãos atuantes na fiscalização das contas e dos atos públicos.

Para Márcio Pestana[8], "a transparência dos atos e das condutas praticadas no âmbito da Administração Pública constitui-se no traço marcante de contemporaneidade no exercício de funções voltadas para o benefício do interesse da coletividade, não mais se compaginando com a vitanda prática até passado não muito distante, de decisões tomadas em salas fechadas".

Dessa forma, oportuno ressaltar que decorre da observância a este princípio o direito fundamental de acesso à informação dos atos de

6. Consoante Celso Antônio Bandeira de Mello2, "o interesse público deve ser conceituado como o interesse resultante do conjunto dos interesses que os indivíduos pessoalmente têm quando considerados em sua qualidade de membros da sociedade e pelo simples fato de o serem". BANDEIRA DE MELLO, Celso Antônio, Curso de Direito Administrativo, 26ª. Edição, São Paulo: Malheiros, 2009, p. 59.
7. MARINELA, Fernanda. Direito administrativo/Fernanda Marinela. – 10. ed. – São Paulo: Saraiva, 2016. P. 95.
8. PESTANA, Márcio. Direito administrativo brasileiro. 2. ed. Rio de Janeiro: Elsevier, 2010, p. 225.

governo; correspondendo à divulgação oficial, em páginas da internet, em órgãos de imprensa ou afixação em murais das repartições públicas, mas, sobretudo, à disponibilização de instrumentos que possibilitem a todos requisitá-las, independentemente de qualquer motivação.

A Lei de Acesso à Informação acarretou na regulamentação do desdobramento de duas formas de publicidade, onde a prestação de informações pelo Estado se dará das seguintes maneiras: espontaneamente, tratando-se de uma transparência ativa, e por meio de requerimento feito pelo cidadão, tratando-se de uma transparência passiva.

Segundo José dos Santos Carvalho Filho[9], a transparência ativa é "marcada pelo fato de que as informações são transmitidas *ex officio* pela Administração, inclusive pela referência nos respectivos sítios eletrônicos", por meio de uma divulgação espontânea e proativa de dados de interesse coletivo pelos órgãos públicos. Por conseguinte, o Poder Público, por livre iniciativa, disponibiliza informações públicas, de interesse coletivo, sem atender a demandas específicas.

Já a transparência passiva, continuando a prolação do autor, caracteriza-se "pelo procedimento em que o interessado formula sua postulação ao órgão que detém a informação", por meio do estabelecimento de procedimentos e prazos onde é facilitado o acesso à informação em atendimento às necessidades específicas do solicitante, em consequência de o Poder Público está submetido à máxima transparência, e ao sigilo como exceção, de seus atos administrativos[10].

Conforme entendimento de Zanella Di Pietro[11], o sigilo corresponde a um direito fundamental "ao qual corresponde o dever de sigilo imposto a todos aqueles, sejam particulares, sejam agentes públicos, que tenham conhecimento de dados sigilosos que não lhes pertencem e em relação aos quais fica vedada a divulgação ou publicidade".

Nesta toada, o Código Penal, Decreto-Lei nº 2848/40, tipifica como crime, em seu art. 154, a seguinte conduta:

---

9. CARVALHO FILHO, José dos Santos. Manual de direito administrativo/José dos Santos Carvalho Filho. – 31. ed. rev., atual. e ampl. – São Paulo: Atlas, 2017. P. 52.
10. Podemos citar como exemplo de obrigatoriedade de acesso à informação, na Constituição Federal, o artigo 165, §3º, onde é estabelecido que "o Poder Executivo publicará, até trinta dias após o encerramento de cada bimestre, relatório resumido da execução orçamentária".
11. DI PIETRO, Maria Sylvia Zanella. Direito Administrativo. 30ª Edição. Rio de Janeiro: Forense, 2017. p. 111.

> "revelar alguém, sem justa causa, segredo de que tem ciência em razão de função, ministério, oficio ou profissão, e cuja revelação possa produzir dano a outrem".

Ainda, buscando clarificar o sigilo como exceção, ou seja, limites e restrições ao Princípio da Publicidade, oportuno mencionar a Lei nº 8.112/1990 - Regime Jurídico dos Servidores Públicos Civis Federais - que, ao disciplinar a atuação da comissão processante no processo administrativo disciplinar, designa, em seu art. 150:

> "A Comissão exercerá suas atividades com independência e imparcialidade, assegurado o sigilo necessário à elucidação do fato ou exigido pelo interesse da administração".

Esmiuçaremos, em momento oportuno, quais informações estão resguardadas por sigilo, representando verdadeiras exceções ao Princípio da Publicidade.

III. A LEI DE ACESSO À INFORMAÇÃO E O PRINCÍPIO CONSTITUCIONAL DA MOTIVAÇÃO

Temos o Princípio da Motivação como verdadeiro instrumento de fiscalização e controle da Administração Pública, na medida em que determina a exposição, pela autoridade prolatora do ato, dos fundamentos de fato e de direito que embasaram sua prática.

Desta forma, consolida-se que a motivação é condição *sine qua non* da conduta estatal, e, neste sentido, estabelece o art. 93, IX, da CF/88:

> "todos os julgamentos dos órgãos do Poder Judiciário serão públicos, e fundamentadas todas as decisões, sob pena de nulidade, podendo a lei limitar a presença, em determinados atos, às próprias partes e a seus advogados, ou somente a estes, em casos nos quais a preservação do direito à intimidade do interessado no sigilo não prejudique o interesse público à informação".

Tal princípio, da mesma forma, é previsto na Lei nº 9.784/99, Lei do Processo Administrativo Federal, em seu artigo 2º, *caput* - juntamente com os Princípios da Legalidade, Finalidade, Razoabilidade, Proporcionalidade, Moralidade, Ampla Defesa, Contraditório, Segurança Jurídica, Interesse Público e Eficiência –, e, no parágrafo único, inciso VII, onde se estabelece que a Administração Pública "indique os pressupostos de fato e de direito que determinarem a decisão".

No art. 50, ainda da supradita Lei, é estabelecida a obrigatoriedade de motivação dos atos administrativos, com indicação dos fatos e dos fundamentos jurídicos, nas seguintes hipóteses:

> "I – neguem, limitem ou afetem direitos ou interesses;
>
> II – imponham ou agravem deveres, encargos ou sanções;
>
> III – decidam processos administrativos de concurso ou seleção pública;
>
> IV – dispensem ou declarem a inexigibilidade de processo licitatório;
>
> V – decidam recursos administrativos;
>
> VI – decorram de reexame de ofício;
>
> VII – deixem de aplicar jurisprudência formada sobre a questão ou discrepem de pareceres, laudos, propostas e relatórios oficiais;
>
> VIII – importem anulação, revogação, suspensão ou convalidação de ato administrativo".

Em decorrência disso, a motivação, tal qual o Princípio da Publicidade, mostra-se imprescindível ao controle da atuação estatal pelo povo – reconhecido constitucionalmente como detentor do interesse público[12] – que, ao ter ampla ciência da similitude lógica entre os eventos e situações que deram lhe causa, a escolha adotada e sua conformidade legal com o ordenamento jurídico vigente – precipuamente os princípios constitucionais – poderá analisar se as condutas administrativas estatais são legítimas e adequadas aos motivos que lhes ampararam, recorrer da decisão proferida ou reivindicar seus direitos.

Destarte, a LAI interage com o Princípio da Motivação quando garante a todos o direito de tomar conhecimento da atuação administrativa de forma mais transparente – de todos os pressupostos de fato e de direito que a motivaram, as razões de conveniência e oportunidade que ensejaram sua prática, reputando-a válida – e, precipuamente, por norma jurídica, possibilitando averiguar a legitimidade de tal conduta.

Ainda, sob a ótica da estrita relação entre a LAI e o Princípio da Motivação, faz-se conveniente apontar as palavras de Fernanda Marinela[13] que elucida se depreender da Carta Magna, explicitamente, a

---

12. A Carta Magna, em seu art.1º, parágrafo único, dispõe que "todo o poder emana do povo, que o exerce por meio de representantes eleitos ou diretamente, nos termos desta Constituição".

13. MARINELA, Fernanda. Direito administrativo/Fernanda Marinela. – 10. ed. – São Paulo: Saraiva, 2016. P. 121.

obrigatória observância de motivar como desdobramento da garantia de informação expressa no art. 5º, inciso XXXIII, onde é disposto que:

> "todos têm direito a receber dos órgãos públicos informações de seu interesse particular, ou de interesse coletivo ou geral, que serão prestadas no prazo da lei, sob pena de responsabilidade, ressalvadas aquelas cujo sigilo seja imprescindível à segurança da sociedade e do Estado[14]".

IV. A REGULAMENTAÇÃO DA LAI NO ÂMBITO DO PODER EXECUTIVO

Os Poderes da Administração Pública são verdadeiras prerrogativas que a colocam num patamar de superioridade em relação aos particulares, viabilizando sua busca pelo bem comum e derivando da Supremacia do Interesse Público sobre o Privado (Princípio constitucional implícito do Direito Administrativo e explícito no art. 2º da Lei nº 9784/99).

Não podemos confundi-los com os Poderes do Estado (clássica divisão tripartite de Montesquieu) que são poderes estruturais e orgânicos, ou seja, estruturam o Estado em três funções: legislativa, executiva e jurisdicional. Já os Poderes da Administração Pública são instrumentais; tratando-se de verdadeiras "ferramentas" para que ela atinja suas finalidades.

Dentre os vários Poderes da Administração Pública, destacamos o Poder Normativo (para alguns Poder Regulamentar) que é a prerrogativa da Administração de minudenciar e dar mais concretude ao texto legal, editando atos gerais de natureza derivada: decretos, instruções normativas, resoluções, portarias etc.

Vale destacar que tal poder somente poderá ser exercido à luz de leis que já existam: atos de natureza originária ou primária. Portanto, não cabe à Administração alterar seu texto, apenas esclarecê-lo; uma vez que, caso contrário, estará exorbitando seu Poder Regulamentar, cabendo ao Legislativo o controle de tal ato (art. 49, V, da CF).

---

14. A Súmula Vinculante nº. 14 também aponta nessa direção: "É direito do defensor, no interesse do representado, ter acesso amplo aos elementos de prova que, já documentados em procedimento investigatório realizado por órgão com competência de polícia judiciária, digam respeito ao exercício do direito de defesa".

Nessa conjuntura, e buscando dar mais concretude e eficácia à LAI, foram editados no âmbito do Poder Executivo Federal, alguns regulamentos:

- **Decreto nº 7.724/12:** que regulamenta os procedimentos para a garantia do acesso à informação e para a classificação de informações sob restrição de acesso, observados grau e prazo de sigilo;
- **Decreto nº 7.845/12:** que trata dos procedimentos para credenciamento de segurança e tratamento de informação classificada em qualquer grau de sigilo, dispondo ainda, sobre o Núcleo de Segurança e Credenciamento; e
- **Decreto nº 8.777/16:** que institui a Política de Dados Abertos do Poder Executivo Federal.

V. VISÃO TOPOGRÁFICA DA LEI

A fim de facilitar o entendimento em linhas gerais da lei em referência, oportunamente, cabe salientar seus principais pontos:

A LAI contém 47 artigos distribuídos em 6 capítulos		
CAPÍTULO I	**Disposições Gerais** (abrangência, diretrizes dos procedimentos, conceitos legais e formas pelas quais as informações devem ser franqueadas)	**Arts. 1º a 5º**
CAPÍTULO II	**Do acesso à informação e da sua divulgação** (deveres da Administração Pública para assegurar o acesso à informação, modalidades de informações que se inserem no direito ao acesso e divulgação proativa/transparência ativa)	**Arts. 6º a 9º**
CAPÍTULO III	**Procedimento de acesso** (transparência passiva, prazos e recursos)	**Arts. 10º a 20**
CAPÍTULO IV	**Restrições de acesso** (acesso às informações necessárias à tutela judicial ou administrativa de direitos fundamentais, classificação dos documentos sob restrição de acesso, proteção e controle de informações sigilosas, procedimentos de classificação, reclassificação e desclassificação e tratamento dado a informações pessoais)	**Arts. 21 a 31**

CAPÍTULO V	**Das Responsabilidades** (condutas ilícitas, sanções e responsabilização civil)	Arts. 32 a 34
CAPÍTULO VI	**Disposições Finais e Transitórias** (Comissão Mista de Reavaliação de Informações, atos normativos internacionais, Núcleo de Segurança e Credenciamento, Lei nº 9.507/97 – *Habeas Data* –, reavaliação da classificação das informações, designação e atribuições de autoridades administrativas responsáveis pela aplicação da lei em cada órgão ou entidade pública e competência legislativa suplementar dos Estados, Distrito Federal e Municípios)	Arts. 35 a 44

VI. COMO A LEI 12.527/11, LEI DE ACESSO À INFORMAÇÃO – LAI –, É COBRADA EM CONCURSOS?

A Lei nº 12.527/11 - LAI -, considerada um divisor de águas, no que tange o acesso à informação no Brasil, é muito cobrada em diversos concursos públicos, jurídicos ou não, para cargos de nível médio ou superior. Dentre eles, como exemplo, temos: Magistratura, Procuradorias, Carreiras Policiais, Órgãos Fiscais e Tribunais.

Com base em um critério puramente estatístico e em uma escala decrescente, os artigos mais cobrados são:

- **arts. 10 a 14**: Capítulo III – Seção I – Do Pedido de Acesso;
- **arts. 6º a 9º**: Capítulo II – Do Acesso a Informações e da sua Divulgação; e
- **arts. 23 e 24**: Capítulo IV – Das Restrições de Acesso à Informação – Seção II – Da Classificação da Informação quanto ao Grau e Prazos de Sigilo.

Já com uma incidência muito baixa em concursos públicos, temos os seguintes dispositivos:

- **arts. 25 e 26**: Capítulo IV – Das Restrições de Acesso à Informação – Seção III – Da Proteção e do Controle de Informações Sigilosas; e
- **arts. 35 ao 47**: Capítulo VI – Disposições Finais e Transitórias.

Dentro dos pontos mais importantes da lei, destacamos os dispositivos que devem ser estudados com muita atenção e não podem faltar em sua revisão:

- **art. 7º**: abrangência objetiva da LAI;
- **art. 8º**: transparência ativa;
- **art. 10**: especifica o procedimento de acesso à informação;
- **art. 23**: informações que podem ter o acesso restringido; e
- **art. 24**: graus de sigilo.

Ademais, vale ressaltar que geralmente as questões que versam sobre a LAI são baseadas em sua literalidade. Portanto, basta que o candidato conheça o texto "cru" da norma e o aplique em prova. As questões baseadas na jurisprudência são encontradas em menor número.

Lei de Acesso à Informação – Lei nº 12.527, de 18.11.201

Regula o acesso a informações previsto no **inciso XXXIII do art. 5º, no inciso II do § 3º do art. 37 e no § 2º do art. 216 da Constituição Federal; altera a Lei nº 8.112**, de 11 de dezembro de 1990; **revoga a Lei nº 11.111**, de 5 de maio de 2005, **e dispositivos da Lei nº 8.159**, de 8 de janeiro de 1991; e dá outras providências.

1. Fundamento constitucional e repercussão da LAI no ordenamento infraconstitucional

A Lei nº 12.527, de 18 de novembro de 2011, Lei de Acesso à Informação – LAI, regula o acesso a informações previsto constitucionalmente nos seguintes dispositivos:

- **art. 5º, XXXIII →** "Todos têm direito a receber dos órgãos públicos informações de seu interesse particular, ou de interesse coletivo ou geral, que serão prestadas no prazo da lei, sob pena de responsabilidade, ressalvadas aquelas cujo sigilo seja imprescindível à segurança da sociedade e do Estado";
- **art. 37, § 3º, II →** "A lei disciplinará as formas de participação do usuário na administração pública direta e indireta, regulando especialmente: [...] II – o acesso dos usuários a registros administrativos e a informações sobre atos de governo, observado o disposto no art. 5º, X e XXXIII"; e
- **art. 216, § 2º →** "Cabem à administração pública, na forma da lei, a gestão da documentação governamental e as providências para franquear sua consulta a quantos dela necessitem".

A LAI, ao inovar o ordenamento jurídico brasileiro, produziu efeitos na legislação infraconstitucional, alterando alguns diplomas legais:

- **Alteração da Lei nº 8.112**, de 11 de dezembro de 1990, que dispõe sobre o Regime Jurídico dos Servidores Públicos Civis da União, das autarquias e das fundações públicas federais;

- **Revogação da Lei nº 11.111**, de 5 de maio de 2005, que regulamentava a parte final do disposto no inciso XXXIII do caput do art. 5º da Constituição Federal;
- **Revogação de alguns dispositivos da Lei nº 8.159**, de 8 de janeiro de 1991, que dispõe sobre a política nacional de arquivos públicos e privados e dá outras providências.

Aplicação em concurso:

- *STJ/Analista Judiciário/2015 – CESPE*

  "Com base na Lei de Acesso à Informação (Lei nº 12.257/2011), julgue o item a seguir, a respeito das políticas de acesso aos documentos de arquivo. O acesso à informação é um preceito constitucional e foi regulamentado pela referida lei."

  Obs.: a afirmativa está correta. O direito ao acesso à informação, mesmo sendo previsto na Constituição Federal, só ganhou efetividade com o estabelecimento da Lei nº 12.527/2011, a Lei de Acesso à Informação. A referida lei regulamenta o inciso XXXIII do art. 5º, o inciso II do § 3º do art. 37 e o § 2º do art. 216, da Constituição Federal.

- *TRE/ES/Técnico Judiciário/2011 – CESPE*

  "Todos têm direito de receber dos órgãos públicos informações de seu interesse particular, ressalvadas aquelas cujo sigilo seja imprescindível à segurança da sociedade e do Estado."

  Obs.: assertiva correta. A questão é uma cópia literal do art. 5º, XXXIII, da CF/88, que prevê: "todos têm direito a receber dos órgãos públicos informações de seu interesse particular, ou de interesse coletivo ou geral, que serão prestadas no prazo da lei, sob pena de responsabilidade, ressalvadas aquelas cujo sigilo seja imprescindível à segurança da sociedade e do Estado".

- *STM/Analista Judiciário/2011 – CESPE*

  "Para garantir a segurança nacional, os estrangeiros, mesmo os residentes no Brasil, não podem receber diretamente dos órgãos públicos brasileiros informações ou documentos de seu interesse particular."

  Obs.: a afirmativa está errada. A CF não restringe o direito à informação aos brasileiros natos ou naturalizados e sim a "todos", inclusive estrangeiros. Neste sentido, estabelece em seu Art. 5º, que "todos são iguais perante a lei, sem distinção de qualquer natureza, garantindo-se aos brasileiros e aos estrangeiros residentes no País a inviolabilidade do direito à vida, à liberdade, à igualdade, à segurança e à propriedade, nos termos seguintes: (...) XXXIII – todos têm direito a receber dos órgãos públicos informações de seu interesse particular, ou de interesse coletivo ou geral, que serão prestadas no prazo da lei, sob pena de responsabilidade, ressalvadas aquelas cujo sigilo seja imprescindível à segurança da sociedade e do Estado".

▶ **Observação:** as bancas costumam cobrar, preponderantemente, a literalidade do inciso XXXIII do art. 5º, quando tratam de questões sobre a fundamentação constitucional da Lei de Acesso à Informação.

CAPÍTULO I
DISPOSIÇÕES GERAIS

Art. 1º Esta Lei dispõe sobre os **procedimentos** a serem **observados** pela **União, Estados, Distrito** Federal e **Municípios**, com o fim de **garantir o acesso a informações previsto** no inciso XXXIII do art. 5º, no inciso II do § 3º do art. 37 e no § 2º do art. 216 da **Constituição Federal.**

Parágrafo único. Subordinam-se ao regime desta Lei:

I – os **órgãos públicos** integrantes **da administração direta dos Poderes Executivo, Legislativo, incluindo as Cortes de Contas, e Judiciário e do Ministério Público;**

II – as **autarquias, as fundações públicas, as empresas públicas, as sociedades de economia mista** e demais **entidades controladas** direta ou indiretamente **pela União, Estados, Distrito Federal e Municípios.**

1. O Estado e a abrangência subjetiva da LAI

A Lei de Acesso à Informação – LAI é de imprescindível observância tanto por toda a Administração Pública, como também pelos órgãos superiores de governo, responsáveis pela função política[15].

Em regra, a LAI é uma lei de caráter nacional, aplicando-se a todas as esferas de Poder (entretanto, há na lei dispositivos aplicáveis somente na esfera Federal), a todos os órgãos da Administração Direta – órgãos públicos da União, Estados, Municípios e do Distrito Federal, dos três Poderes, incluindo aqueles órgãos que não integram nenhum poder: Cortes de Contas, Ministério Público e no entendimento moderno, a Defensoria Pública, a todas entidades da Administração Pública Indireta – autarquias, as fundações públicas, as empresas públicas, as sociedades de economia mista – e outras instituições controladas direta ou indiretamente pela União, pelos Estados, Distrito Federal e Municípios.

---

15. Consoante prelação de Hely Lopes Meireles, a Administração Pública "não pratica atos de governo; pratica, tão-somente, atos de execução, os chamados atos administrativos, com poderes de decisão limitados a atribuições de natureza executiva, conforme definidos em lei", ou seja, com maior ou menor autonomia funcional conforme a competência do órgão e de seus agentes. MEIRELLES, Hely Lopes. *Direito Administrativo brasileiro.* 34. Ed. São Paulo: Malheiros, 2008.

▶ **Atenção:** é muito importante que o candidato conheça a estrutura da Administração Pública e o alcance subjetivo da LAI. Geralmente as questões excepcionarão órgãos ou entidades públicas de sua abrangência ou incluirão entidades que a ela não se subordinam. Em ambos os casos, tentarão induzir o examinando ao erro. Também são comuns questões perguntando se aquele órgão público, que está sujeito à LAI, é por ela abrangido.

Aplicação em concurso:

- *UFPA/Assistente em Administração/2017 – UFPA*

  "Em relação à lei nº 12.527, de 18 de novembro de 2011, que regula o acesso à informação, é CORRETO afirmar:

  A) Não se aplica aos Estados e Municípios, visto que é uma lei federal."

  Obs.: tal afirmativa é incorreta, visto que, em regra, a LAI é uma lei de caráter nacional, aplicando-se a todas as esferas de Poder.

- *ARTESP/Fiscal/2017- FCC*

  "Considere:

  I. Autarquias.

  II. Fundações públicas.

  III. Empresas públicas.

  Subordinam-se ao regime da lei nº 12.527/2011, que regula o acesso a informações e dá providências correlatas, os entes indicados em

  A) III, apenas.

  B) I e II, apenas.

  C) II e III, apenas.

  D) I, apenas.

  E) I, II e III."

  Obs.: afirmativa correta letra "E". Conforme art. 1º, p. ú., II, é determinado que se subordinam ao regime desta lei "as autarquias, as fundações públicas, as empresas públicas, as sociedades de economia mista e demais entidades controladas direta ou indiretamente pela União, Estados, Distrito Federal e Municípios".

- *TRF 4/Juiz Federal/2012 – Com. Exam.*

  "Dadas as assertivas abaixo, assinale a alternativa correta:

  I. A Lei nº 12.527/2011, que regula o acesso a informações, é aplicável não somente às entidades de direito público, mas também às empresas públicas, às sociedades de economia mista e a todas as demais entidades controladas direta ou indiretamente pela União, pelos Estados, pelo Distrito Federal e pelos Municípios."

Obs.: a afirmativa está correta. A LAI é de obrigatória observância por toda Administração Pública Direta e Indireta e por todas as demais entidades controladas direta ou indiretamente pela União, pelos Estados, pelo Distrito Federal e pelos Municípios, não importando se sujeitas ao regime jurídico de direito público ou privado.

- *Prefeitura de Caieiras – SP/Procurador/2015 – VUNESP*

  "Assinale a alternativa que corretamente discorra sobre aspectos da lei federal nº 12.527/11 (Lei de Acesso à Informação).

  A) A Câmara Municipal de Caieiras não se submete à Lei de Acesso à Informação, pois a lei federal nº 12.527/11 somente é aplicável aos órgãos do Poder Executivo de todos os níveis da Federação."

  Obs.: a afirmativa é falsa. Os preceitos da LAI se aplicam à Administração Pública dos três Poderes e de todas as esferas de Poder.

- *DPE-SP/Administrador/2015 – FCC*

  "Os seguintes órgãos subordinam-se à Lei de Acesso à Informação (lei nº 12.527 de 18 de novembro de 2011), EXCETO:

  A) empresas privadas.

  B) Ministério Público.

  C) entidades privadas sem fins lucrativos.

  D) Câmara Municipal.

  E) Ministério do Planejamento, Orçamento e Gestão."

  Obs: a afirmativa correta é a letra "A". A LAI, em seu o art. 1º, parágrafo único, II, que traz sua abrangência subjetiva, não fala em "empresas puramente privadas", que não sejam controladas direta ou indiretamente pela União, pelos Estados, pelo Distrito Federal e pelos Municípios.

- *STJ/Analista Judiciário/2015 – CESPE*

  "Com base na Lei de Acesso à Informação (Lei nº 12.257/2011), julgue os itens a seguir, a respeito das políticas de acesso aos documentos de arquivo. Os órgãos do Poder Judiciário não estão submetidos à lei mencionada, pois seus documentos de arquivo possuem uma grande quantidade de informações pessoais."

  Obs.: a afirmativa está errada. Independentemente de possuírem uma grande quantidade de informações pessoais, os documentos de arquivos dos órgãos da Administração Pública do Poder Judiciário subordinam-se a Lei de Acesso à Informação assim como os dos demais Poderes do Estado.

▶ **Observação:** o art. 1º da LAI, que traz sua abrangência subjetiva, é muito cobrado em diversos concursos, para os mais variados cargos públicos e com variados níveis de dificuldade. Como exemplo, temos:

- *UFRJ/Assistente/2018 – UFRJ;*
- *SUSIPE/Agente prisional/2018 – AOCP;*
- *STM /Analista Judiciário/2018 – CESPE;*
- *ARTESP/Especialista de Transporte/2017- CESPE;*
- *TJ-SC/ Juiz de Direito/2017 – FCC;*
- *DPE/SP/Agente de Defensoria Pública/2015 – FCC;*
- *Prefeitura de Balneário Camboriú – SC/ Procurador Municipal/2015 – FEPESE;*
- *Etc.*

Art. 2º Aplicam-se as disposições desta Lei, no que couber, às **entidades privadas sem fins lucrativos que recebam**, para realização de ações de interesse público, **recursos públicos diretamente do orçamento ou mediante subvenções sociais, contrato de gestão, termo de parceria, convênios, acordo, ajustes ou outros instrumentos congêneres.**

1. Aplicabilidade da LAI às entidades privadas sem fins lucrativos que recebam recursos públicos

As entidades privadas sem fins lucrativos que recebam recursos públicos para realização de ações de interesse público, similarmente à Administração Pública Direta e Indireta, serão submetidas aos preceitos da LAI. Como exemplo de tais entidades, podemos citar as Organizações da Sociedade Civil de Interesse Público – OSCIP –, com previsão na Lei nº 9790/99.

A OSCIP é um exemplo clássico de entidade que integra o 3º Setor da Economia. Tais entidades – igualmente conhecidas como "entidades paraestatais"– são privadas, sem fins lucrativos e não integram a Administração Pública, mas estão "paralelas" ao Estado, executando atividades que são de interesse público: promoção da assistência social; promoção da cultura, defesa e conservação do patrimônio histórico e artístico; promoção gratuita da educação; promoção gratuita da saúde; defesa, preservação e conservação do meio ambiente e promoção do desenvolvimento sustentável; promoção do voluntariado; promoção do desenvolvimento econômico e social e combate à pobreza etc.

Nesse cenário, temos o art. 63, do Decreto nº 7724/12, que dispõe:

"As entidades privadas sem fins lucrativos que receberem recursos públicos para realização de ações de interesse público deverão dar publicidade às seguintes informações:

I – cópia do estatuto social atualizado da entidade;

II – relação nominal atualizada dos dirigentes da entidade; e

III – cópia integral dos convênios, contratos, termos de parcerias, acordos, ajustes ou instrumentos congêneres realizados com o Poder Executivo Federal, respectivos aditivos, e relatórios finais de prestação de contas, na forma da legislação aplicável".

Por derradeiro, vale mencionar que o mesmo regulamento estabelece que os pedidos de informação referentes aos convênios, contratos, termos de parcerias, acordos, ajustes ou instrumentos congêneres deverão ser apresentados diretamente aos órgãos e entidades responsáveis pelo repasse de recursos (art. 64).

Com isso, temos que a LAI deve ser cumprida por[16]:

Todos os Poderes do Estado (incluindo os órgãos independentes que não integram nenhum poder)	Executivo/ Legislativo/ Judiciário/ Ministério Público/ Tribunal de Contas/ Defensoria Pública
Toda Administração Pública (Federal, Estadual, Municipal e Distrital)	Direta (órgãos públicos)/ Indireta (entidades públicas: autarquias, fundações públicas, empresas públicas, sociedades de economia mistas)/Demais entidades controladas direta ou indiretamente pela União, Estados, Distrito Federal e/ou Municípios.
Entidades sem fins lucrativos	Aquelas que recebam recursos públicos para realização de ações de interesse público, diretamente do orçamento ou mediante subvenção social, contrato de gestão, termo de parceria, convênio, acordo, ajuste. Neste caso, a publicidade a que estão submetidas refere-se à parcela dos recursos recebidos e à sua destinação.

16. http://www.acessoainformacao.gov.br/assuntos/conheca-seu-direito/principais-aspectos/principais-aspectos (Acessado em 20.02.18).

▶ **Atenção:** é fundamental que o candidato saiba que as entidades previstas no art. 2º, parágrafo único, somente se submetem à LAI, em relação à parte dos recursos públicos recebidos.

Aplicação em concurso:

- *TJ RJ/Juiz Estadual/2016 – VUNESP*

  "Assinale a alternativa que corretamente discorre sobre os Princípios do Direito Administrativo:

  A) O Princípio da Publicidade possui repercussão infraconstitucional, com regulamentação pela Lei de Acesso à Informação (lei federal nº 12.527/11) na qual foram contempladas duas formas de publicidade – a transparência ativa e a transparência passiva –, aplicáveis a toda a Administração Direta e Indireta, mas não incidentes às entidades privadas sem fins lucrativos que recebam recursos públicos do orçamento, como ocorre por contrato de gestão."

  Obs.: a afirmativa está errada. Subordinam-se a LAI tanto a Administração Direta e Indireta quanto às entidades privadas sem fins lucrativos que recebam recursos públicos para realização de ações de interesse público, diretamente do orçamento ou mediante subvenção social, contrato de gestão, termo de parceria, convênio, acordo, ajuste, no que se refere à parcela dos recursos recebidos e à sua destinação.

- *Paulínia/Procurador/2016 – FGV*

  "Joana, moradora do Município ABC, apresentou pedido de acesso a informações à Pessoa Jurídica XYZ, concessionária de serviço público municipal, não integrante da Administração Pública. Utilizou como base a Lei de Acesso à Informação (lei nº 12.527/11), para ter acesso ao contrato administrativo firmado pela Pessoa Jurídica XYZ com a Administração Pública Municipal, sem juntar o comprovante de pagamento de custas relativas à emissão da certidão. Tal pedido foi rejeitado pela Pessoa Jurídica XYZ.

  Nesse caso, conforme a Lei de Acesso à Informação,

  E) não houve irregularidade por parte da Pessoa Jurídica XYZ, uma vez que ela não consta como sujeito passivo na Lei de Acesso à Informação."

  Obs.: a afirmativa está correta (art. 2º da LAI). Concessionárias são entidades privadas que mediante delegação do Estado, executam serviços ou obras públicas em nome próprio, têm fins lucrativos e, em muitas vezes, contam com recursos de origem privada; seu vínculo com a Administração Pública é contratual. Portanto, desta forma, não estão abrangidas pela Lei nº 12.527/11.

- *Pref. Novo Horizonte SP/Procurador Jurídico/2017 – FUNDATEC*

  "Levando em consideração as disposições da lei nº 12.527/2011, que regula o acesso às informações no âmbito da Administração Pública, analise as seguintes assertivas:

I. Aplicam-se as disposições da referida lei, no que couber, às entidades privadas sem fins lucrativos que recebam, para realização de ações de interesse público, recursos públicos diretamente do orçamento ou mediante subvenções sociais, contrato de gestão, termo de parceria, convênios, acordo, ajustes ou outros instrumentos congêneres."

Obs.: a afirmativa está correta, conforme art. 2º, caput, da LAI.

▶ **Observação:** geralmente as questões que tratam do o art. 2º da LAI (abrangência subjetiva) são elaboradas com base na literalidade do texto legal. São quase que nulos os casos em que as bancas trazem questões mais "sofisticadas" ou baseadas na jurisprudência.

Parágrafo único. A publicidade a que estão submetidas **às entidades citadas** no caput **refere-se à parcela dos recursos públicos recebidos e à sua destinação,** sem prejuízo das prestações de contas a que estejam legalmente obrigadas.

1. Publicidade restrita aos recursos públicos e à sua destinação

Referidas entidades somente se submetem aos ditames da LAI no que tange à parte dos recursos públicos recebidos, como subvenção, benefício ou incentivo, fiscal ou creditício, e a sua finalidade, sem detrimento das obrigatórias prestações de contas previstas legalmente.

Nesse sentido, estabelece o p. ú do art. 70 da CF/88:

> "Prestará contas qualquer pessoa física ou jurídica, pública ou privada, que utilize, arrecade, guarde, gerencie ou administre dinheiros, bens e valores públicos ou pelos quais a União responda, ou que, em nome desta, assuma obrigações de natureza pecuniária".

Aplicação em concurso:

- *TRE RS/Técnico Judiciário/2015 – CESPE*

"Assinale a opção correta de acordo com o disposto na lei nº 12.527/2011.

E) Entidades privadas sem fins lucrativos que recebam recursos para a realização de ações de interesse público somente estão submetidas à publicidade na parcela relativa aos recursos públicos recebidos e à sua destinação."

Obs.: a afirmativa está correta. Trata-se de um "Ctrl+C, Ctrl+V" do art. 2º, p. ú., da LAI, que é claro ao estabelecer que entidades privadas sem fins lucrativos que recebam recursos públicos devem obrigatória observância ao princípio constitucional da publicidade no que "refere-se à parcela dos recursos públicos recebidos e à sua destinação, sem prejuízo das prestações de contas que estejam legalmente obrigadas".

Art. 3º Os **procedimentos** previstos nesta Lei destinam-se a **assegurar** o **direito** fundamental **de acesso à informação** e devem ser executados em conformidade com os **princípios** básicos da **administração pública** e com as seguintes **diretrizes**:

1. Princípios Básicos da Administração Pública

Os Princípios Básicos da Administração Pública são verdadeiras "vigas mestras" que se traduzem em mandamentos, que orientam e vinculam todos agentes públicos no exercício do seu *múnus público* e, consequentemente, na busca da satisfação dos interesses gerais.

Não há consenso doutrinário quanto à conceituação da expressão "Princípios Básicos da Administração Pública". Para alguns, são todos àqueles que orientam a atuação dos agentes públicos, não importando se explícitos (art. 37, *caput,* da CF) ou implícitos no texto constitucional.

Por hora, inobstante as divergências doutrinárias, e sem adentrarmos em suas particularidades, vamos nos remeter àqueles princípios expressos, balizadores da atuação da Administração Pública, elencados na Constituição Federal, no artigo 37, *caput*, que sofreu alteração pela Emenda Constitucional nº 19/98, onde foi acrescido o Princípio da Eficiência[17]. São eles:

Legalidade	Toda atuação estatal deverá ser prevista em lei, caso contrário, será considerada atividade ilícita;
	É a base do Estado Democrático de Direito, onde todos os conflitos são resolvidos por lei;
	A Administração Pública necessita de lei que imponha sua atuação vinculada ou de lei que autorize sua atuação discricionária;
	Situações que podem resultar em restrições à estrita legalidade: Medidas Provisórias, Estado de Defesa e Estado de Sítio. Em tais casos, diante de circunstâncias excepcionais, urgentes e relevantes, a Administração Pública atuaria sem respaldo de uma lei formal (lei submetida a um processo legislativo). Na lição de Celso Antônio Bandeira de Melo, seriam "constrições provisórias" ao Princípio da Legalidade.

17. Fernanda Marinela clarifica que princípios "são mandamentos de otimização, normas que ordenam a melhor aplicação possível, dentro das possibilidades jurídicas e reais existentes, portanto, a sua incidência depende de ponderações a serem realizadas no momento de sua aplicação. Existindo para o caso concreto mais de um princípio aplicável, esses não se excluem". MARINELA, Fernanda. Direito administrativo. 10. Edição. São Paulo: Saraiva, 2016.

Impessoalidade	A Administração deve voltar-se exclusivamente para o interesse público e não para o privado;
	Vedado favorecer alguns indivíduos em detrimento de outros e prejudicar alguns para favorecimento de outros;
	Reflete no Princípio da Finalidade: o objetivo finalístico de qualquer atuação estatal deve ser exclusivamente o interesse público;
	Qualquer utilização de símbolos ou imagens, inclusive nomes que vinculem a conduta estatal à pessoa do administrador, corromperá o exercício da função pública, tornando pública a conduta do agente público e não da pessoa jurídica estatal que ele integra (art. 37, § 1º, da CF);
	Relaciona-se a outros Princípios – Moralidade, Eficiência e Isonomia-, corroborando a proibição da prática do nepotismo.
Moralidade	Estabelece a obrigatoriedade de observância pela autoridade administrativa a preceitos éticos -honestidade, lealdade, boa-fé de conduta- no exercício de sua função administrativa;
	Mostra-se intrínseco a noção do bom administrador, que não deve mostrar-se como um gnóstico da lei, mas também dos mandamentos éticos regedores da função administrativa;
	Costumeiramente associado a legalidade;
	Habitualmente a jurisprudência aplica sua violação (imoralidade) como sendo um vício de legalidade da atuação administrativa;
	Ofensa direta à lei, violando o Princípio da Legalidade;
Publicidade	Atos da Administração devem ter a mais ampla divulgação possível entre seus administrados;
	A atuação estatal deve ser plena e transparente;
	A publicidade de atos, programas, serviços e campanhas dos órgãos públicos têm por objetivo somente educar, informar e orientar;
	Vedado às autoridades que se valham do sistema de divulgação de atos e fatos para promoção pessoal (art. 37, § 1º, da CF);
	É garantido ao indivíduo receber informações de seu interesse particular ou de interesse coletivo sobre atos de governo de órgãos públicos;

Publicidade	Exceções ao Princípio: sigilo de informações indispensáveis à segurança da sociedade e do Estado e respeito ao direito à intimidade e à vida privada do interessado diante de certos casos;
Eficiência	É o Princípio da "qualidade do serviço prestado";
	Exige que a atividade administrativa seja exercida com presteza, perfeição e rendimento funcional;
	Pode ser considerado em relação ao modo de atuação do agente público (com o melhor desempenho possível de suas atribuições, para lograr os melhores resultados) e em relação ao modo de organizar, estruturar, disciplinar a Administração Pública (com o objetivo de alcançar os melhores resultados na prestação do serviço público);
	Aspectos relacionados ao princípio que devem ser ponderados: produtividade, economicidade, qualidade, celeridade, presteza, desburocratização e flexibilização;
	Guarda estrita relação com outros Princípios: Legalidade, Impessoalidade, Moralidade e Razoabilidade.

Aplicação em concurso:

- *MJ/Gerente de Projetos/2015 – FUNCAB*

  "Consoante o disposto na Lei nº 12.527/2011, que disciplina o acesso à informação pública, e correto afirmar que:

  A) o direito fundamental de acesso à informação não deve observar os Princípios Básicos da Administração Pública."

  Obs.: afirmativa flagrantemente falsa, pois contraria o "caput" do art. 3º da LAI, que é claro ao dispor que os procedimentos previstos nesta lei se destinam a assegurar o direito fundamental de acesso à informação e devem ser executados em conformidade com os Princípios Básicos da Administração Pública e com suas diretrizes.

- *TRT 15ª REGIÃO/Juiz do Trabalho/2015 – FCC*

  "Um dos temas mais atuais no âmbito da Administração Pública é o da "transparência", que, remete, entre outros aspectos, ao Princípio da Publicidade, o qual, por seu turno:

  D) faculta a qualquer cidadão, independentemente da comprovação de interesse direto, o acesso a documentos e informações relativas a contratos celebrados pela Administração."

  Obs.: afirmativa correta. O Princípio da Publicidade, previsto expressamente no art. 37 da CF/88, preconiza o direito de o indivíduo receber informações de seu interesse particular ou de interesse coletivo sobre atos de governo de órgãos públicos, em que estes terão a mais ampla divulgação possível entre seus administrados.

2. Princípio da Publicidade X STF

O Plenário do Supremo Tribunal Federal reconheceu a constitucionalidade da divulgação, em sítio eletrônico mantido pela Administração Pública, do nome de servidores e dos valores dos correspondentes vencimentos e vantagens pecuniárias, em consonância com o Princípio da Publicidade e em atendimento ao comando da lei de acesso a informação. Todavia, para a corte não devem ser divulgados outros dados pessoais como endereço, CPF etc.

► **STF**

"CONSTITUCIONAL. PUBLICAÇÃO, EM SÍTIO ELETRÔNICO MANTIDO PELO MUNICÍPIO DE SÃO PAULO, DO NOME DE SEUS SERVIDORES E DO VALOR DOS CORRESPONDENTES VENCIMENTOS. LEGITIMIDADE. 1. **É legítima a publicação, inclusive em sítio eletrônico mantido pela Administração Pública, dos nomes dos seus servidores e do valor dos correspondentes vencimentos e vantagens pecuniárias.** 2. Recurso extraordinário conhecido e provido – O Tribunal, apreciando o tema 483 da repercussão geral, por unanimidade e nos termos do voto do Relator, deu provimento ao recurso extraordinário, fixando-se a tese de que é legítima a publicação, inclusive em sítio eletrônico mantido pela Administração Pública, dos nomes dos seus servidores e do valor dos correspondentes vencimentos e vantagens pecuniárias." (ARE 652777, Rel. Min. TEORI ZAVASCKI, j. 23.04.2015, DJe-128 30.06.2015)

Aplicação em concurso:

- *PCMS/Delegado de Polícia/2017 – FAPEMS*

"Acerca do Princípio da Publicidade e da Lei de Acesso à Informação (lei nº 12.527/2011), assinale a alternativa correta:

E) É legítima a publicação, inclusive em sítio eletrônico mantido pela Administração Pública, dos nomes de seus servidores e do valor dos correspondentes aos vencimentos, sendo vedadas informações referentes a vantagens pecuniárias."

Obs.: a afirmativa está errada, é legítima a publicação dos nomes e dos valores dos vencimentos e vantagens pecuniárias, conforme firmado pelo STF em ARE 652777.

"ARE 652777 – É legítima a publicação, inclusive em sítio eletrônico mantido pela Administração Pública, dos nomes dos seus servidores e do valor dos correspondentes vencimentos e vantagens pecuniárias"

- *Auditoria Governamental/Auditor Federal/2015 – CESPE*

  "No que se refere a ato administrativo, agente público e Princípios da Administração Pública, julgue o item:

  De acordo com entendimento dominante, é legítima a publicação em sítio eletrônico da Administração Pública dos nomes de seus servidores e do valor dos vencimentos e das vantagens pecuniárias a que eles fazem jus."

  Obs.: a afirmativa está correta, consoante ARE 652777-STF.

Ainda sobre o tema, o Supremo Tribunal Federal considera como um direito líquido e certo o acesso "a informações e documentos referentes à concessão, a Senadores da República, de verbas indenizatórias relacionadas ao exercício da função, por parte da Casa Legislativa, com base no Princípio da Publicidade (CF/88, art. 37, *caput*) e em outras disposições constitucionais correlatas, notadamente a liberdade de informação jornalística (CF/88, art. 220, § 1°)".

Visto que a regra geral é a publicidade, tal decisão decorre de um agrupamento de normas constitucionais, tais como: o direito de acesso a informação por parte dos órgãos públicos (art. 5º, XXXIII) – especialmente quanto à documentação governamental (art. 216, § 2º) –, o Princípio da Publicidade (art. 37, *caput*, e § 3º, II) e o Princípio Republicano (art. 1º), do qual se originam os deveres de transparência e prestação de contas, bem como a possibilidade de responsabilização ampla por eventuais irregularidades.

► **STF**

"MANDADO DE SEGURANÇA. ATO QUE INDEFERE ACESSO A DOCUMENTOS RELATIVOS AO PAGAMENTO DE VERBAS PÚBLICAS. INOCORRÊNCIA DE SIGILO. CONCESSÃO DA ORDEM. 1. **A regra geral num Estado Republicano é a da total transparência no acesso a documentos públicos, sendo o sigilo a exceção.** Conclusão que se extrai diretamente do texto constitucional (arts. 1º, caput e parágrafo único; 5º, XXXIII; 37, caput e § 3º, II; e 216, § 2º), bem como da Lei nº 12.527/2011, art. 3º, I. 2. **As verbas indenizatórias para exercício da atividade parlamentar têm natureza pública, não havendo razões de segurança ou de intimidade que justifiquem genericamente seu caráter sigiloso**. 3. Ordem concedida. A C Ó R D Ã O Vistos, relatados e discutidos estes autos, acordam os Ministros da Primeira Turma do Supremo Tribunal Federal, sob a Presidência do Ministro Ricardo Lewandowski, na conformidade da ata de julgamento e das notas taquigráficas, por unanimidade de votos, em conceder a ordem a fim de determinar que a autoridade impetrada forneça à impetrante cópia reprográfica dos documentos comprobatórios do uso da verba indenizatória por senadores da República referentes ao período compreendido entre os meses de setembro e dezembro de 2008, nos termos do voto do Relator." (STF – MS: 28178 DF, Rel. Min. ROBERTO BARROSO, j.21/08/2013, DJe-168 27/08/2013)

Aplicação em concurso:

- *TCE SC/Auditor Fiscal/2016 – CESPE*

  "Em relação aos consórcios públicos, aos Princípios do Direito Administrativo e à organização da Administração Pública, julgue o item a seguir.

  De acordo com a jurisprudência do STF, em exceção ao Princípio da Publicidade, o acesso às informações referentes às verbas indenizatórias recebidas para o exercício da atividade parlamentar é permitido apenas aos órgãos fiscalizadores e aos parlamentares, dado o caráter sigiloso da natureza da verba e a necessidade de preservar dados relacionados à intimidade e à vida privada do parlamentar."

  Obs.: a afirmativa está errada. Consoante MS28178-DF do STF, o Estado tem a obrigação de informar à sociedade como são utilizados os recursos públicos.

I – observância da **publicidade como preceito geral e do sigilo como exceção**;

II – **divulgação de informações** de interesse público, **independentemente de solicitações**;

III – **utilização de meios de comunicação** viabilizados pela **tecnologia da informação**;

IV – **fomento ao desenvolvimento da cultura de transparência** na administração pública;

V – desenvolvimento do **controle social da administração pública.**

1. Diretrizes da LAI

Diretrizes são linhas gerais que definem e regulam um traçado a ser seguido. Assim, como os princípios constitucionais supracitados, as diretrizes da LAI servem para nortear a atuação daqueles que a ela subordinam-se, consoante arts. 1º e 2º da referida lei.

1.1 – Observância da publicidade como preceito geral e do sigilo como exceção → o poder público está submetido à máxima transparência de seus atos administrativos;

Aplicação em concurso:

- *DPE AM/Analista em Gestão/2018 – FCC*

  "Uma sociedade de economia mista, cujo objeto social é o desenvolvimento de sistemas e programas de informática, foi instada, com base na Lei de Acesso à Informação, a informar os custos incorridos com contratação de consultoria especializada para modernização de seus processos de trabalho, bem como a fornecer os pareceres jurídicos que deram suporte à referida contratação. Considerando o que dispõe a Lei de Acesso à Informação (lei nº 12.527/2011), referida entidade:

D) deverá disponibilizar os dados e documentos requeridos, inclusive os pareceres, eis que o sigilo constitui exceção, somente sendo admissível nas hipóteses legais de classificação da informação como secreta, ultrassecreta ou reservada."

Obs.: a afirmativa está correta, posto que o acesso à informação é a regra e o sigilo a exceção.

- *TJ-SC Juiz de Direito/2017 – FCC*

"Vigora no Brasil, disciplinando o direito constitucional de acesso à informação, a Lei no 12.527/11. É ideia ESTRANHA ao regime dessa lei a:

D) observância da publicidade como preceito geral e do sigilo como exceção."

Obs.: a afirmativa está correta (literalidade do artigo 3º, inciso I, da LAI).

Observação: tal diretriz é um ponto muito recorrente em certames. Já foi questionada nos mais diferentes concursos públicos. Como exemplo temos:

- *UFCSPA/Auxiliar /2018 – FAURGS*
- *TJ RS/Programador /2018 – FAURGS;*
- *IF-MS/ Secretário Executivo/2016 – IF-MS;*
- *Prefeitura de Caieiras – SP/ Procurador/2015 – VUNESP;*
- *Prefeitura de Agudo – RS /Auxiliar administrativo/2015 – Objetiva;*
- *IF-RJ/ Auxiliar de biblioteca/2015 – BIO-RIO;*
- *IF-RJ/ Administrador/2015 – BIO-RIO;*
- *Etc.*

1.2 – Divulgação de informações de interesse público, independentemente de solicitações → temos aqui a transparência ativa, onde é obrigatória a divulgação de dados de interesse público, de forma aberta e livre, prescindindo de manifestações de requerentes;

Aplicação em concurso:

- *HCFMUSP/Enfermeiro/2015 – VUNESP*

"Os procedimentos previstos na lei nº 12.527, em seu artigo 3º, destinam-se a assegurar o direito fundamental de acesso à informação e devem ser executados em conformidade com os Princípios Básicos da Administração Pública e com a seguinte diretriz:

E) divulgação de informações de interesse público, independentemente de solicitações."

Obs.: a afirmativa está correta, pois está em plena consonância com o art. 3º, II, da LAI.

1.3 – Utilização de meios de comunicação viabilizados pela tecnologia da informação → a Administração Pública deve disponibilizar as informações por meio de mecanismos que viabilizem o acesso à informação de forma ágil e de fácil entendimento.

Aplicação em concurso:

- *IPSM SJC/Procurador/2018 – VUNESP*

  "Os procedimentos previstos na lei nº 12.527/11 destinam-se a assegurar o direito fundamental de acesso à informação e devem ser executados em conformidade com os Princípios Básicos da Administração Pública, observando-se:

  A) a utilização de meios de comunicação viabilizados pela tecnologia da informação."

  Obs.: a afirmativa está correta (art. 3º, III, da LAI).

- *TCE-PE/Analista de Gestão – Administração/2017 – CESPE*

  "Com base na lei nº 12.527/2011 — Lei de Acesso à Informação —, julgue o item a seguir. Entre as diretrizes da referida lei inclui-se a utilização de meios de comunicação viabilizados pela tecnologia da informação."

  Obs.: a afirmativa está correta. Mais uma vez, temos a banca cobrando a literalidade da lei (art. 3º, III, da LAI).

Observação: tal diretriz já foi cobrada em outros concursos. Como exemplo temos:

- *IPSM/ Procurador/2018– VUNESP;*
- *TCE PE/Analista de Gestão/2017 – CESPE; IF-RJ/Assistente /2015 – BIO-RIO;*
- *MF/Assistente Técnico Administrativo/2014/ESAF;*
- *Etc.*

1.4 – Fomento ao desenvolvimento da cultura de transparência na Administração Pública → estimular a propagação de programas de governo que incentivem a prática da transparência dentro da Administração Pública.

Aplicação em concurso:

- *TJ-SP Administrador Judiciário /2019 – VUNESP*

  "É diretriz para o acesso à informação, prevista na lei n° 12.527/2011:

  A) fomento ao desenvolvimento da cultura de eficiência e combate à corrupção."

  Obs.: a afirmativa está incorreta. De acordo com art. 3º, IV, da LAI, a diretriz ali contida refere-se ao "fomento ao desenvolvimento da cultura de transparência na Administração Pública" e não ao "fomento ao desenvolvimento da cultura de eficiência e combate à corrupção". Nota-se que na questão, o examinador apenas alterou expressões, exigindo atenção redobrada do candidato.

1.5 – Desenvolvimento do controle social da Administração Pública → estimular a participação popular no controle das atividades administrativas exercidas pelo Estado, por seus órgãos, entidades e agentes, posto que são realizadas visando à satisfação das necessidades coletivas.

Aplicação em concurso:

- *TJM SP /Juiz de Direito Militar/2016 – VUNESP*

  "Os procedimentos previstos na lei nº 12.527, de 18 de novembro de 2011, destinam-se a assegurar o direito fundamental de acesso à informação e devem ser executados em conformidade com os Princípios Básicos da Administração Pública e com a seguinte diretriz:

  B) desenvolvimento do controle social da Administração Pública."

  Obs.: a afirmativa está correta. Trata-se de uma diretriz expressa na Lei de Acesso à Informação (art. 3º, V da LAI).

► **Esquematizando art. 3º, incisos I a V:**

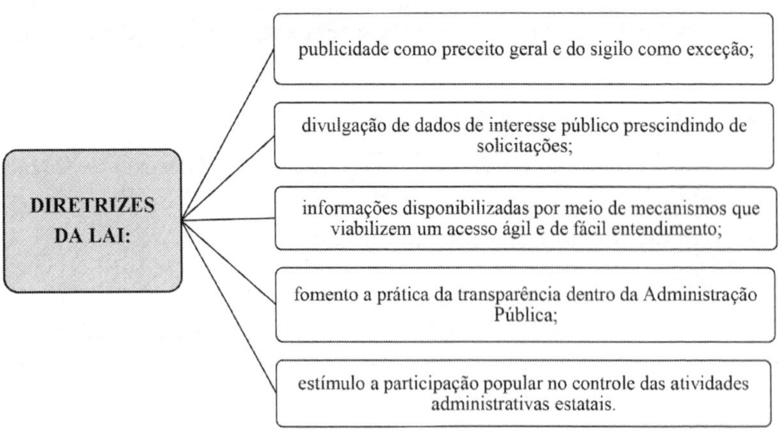

Art. 4º Para os efeitos desta Lei, considera-se:

I – **informação: dados**, processados ou não, **que podem ser utilizados para produção e transmissão de conhecimento**, contidos em qualquer meio, suporte ou formato;

II – **documento: unidade de registro de informações**, qualquer que seja o suporte ou formato;

III – **informação sigilosa**: aquela **submetida** temporariamente **à restrição de acesso público** em razão de sua imprescindibilidade **para a segurança** da sociedade e do Estado;

IV – **informação pessoal**: aquela **relacionada à pessoa natural** identificada ou identificável;

V – **tratamento da informação**: conjunto de ações **referentes à produção**, recepção, **classificação, utilização, acesso, reprodução,** transporte, transmissão, **distribuição**, arquivamento, **armazenamento, eliminação**, avaliação, destinação ou controle da informação;

VI – **disponibilidade**: qualidade da **informação que pode ser conhecida e utilizada** por indivíduos, equipamentos ou sistemas autorizados;

VII – **autenticidade:** qualidade da **informação que tenha sido produzida, expedida, recebida ou modificada por determinado indivíduo**, equipamento ou sistema;

VIII – **integridade**: qualidade da **informação não modificada**, inclusive quanto à origem, trânsito e destino;

IX – **primariedade**: qualidade da **informação coletada na fonte**, com o **máximo de detalhamento** possível, sem modificações.

1. Conceitos legais

São muito comuns, nas mais variadas normas, dispositivos que contenham conceitos legais. Tais normas de caráter explicativo são muito questionadas em concursos públicos, principalmente em provas objetivas.

> **Atenção**: o mais corriqueiro são questões em o que examinador inverte os conceitos legais, exigindo muita atenção do examinado.

Aplicação em concurso:

- *CGE RO/Auditor de controle interno/2018 – FUNRIO*

  "Avalie, com base na lei nº 12.527/2011, que regula o acesso a informações, se as seguintes definições estão corretas:

I. Disponibilidade: qualidade da informação que pode ser conhecida e utilizada por indivíduos, equipamentos ou sistemas autorizados.

II. Integridade: qualidade da informação que tenha sido produzida, expedida, recebida ou modificada por determinado indivíduo, equipamento ou sistema.

III. Autenticidade: qualidade da informação não modificada, inclusive quanto à origem, trânsito e destino.

IV. Primariedade: qualidade da informação coletada na fonte, com o máximo de detalhamento possível, sem modificações.

Estão corretas as definições:

A) I e IV, apenas.

B) II e III, apenas.

C) I, II e III, apenas.

D) II, III e IV, apenas.

E) I, II, III e IV."

Obs.: a afirmativa correta é a letra A. Para os efeitos desta lei, considera-se (art. 4º da LAI): (...) VI – disponibilidade: qualidade da informação que pode ser conhecida e utilizada por indivíduos, equipamentos ou sistemas autorizados; VII – autenticidade: qualidade da informação que tenha sido produzida, expedida, recebida ou modificada por determinado indivíduo, equipamento ou sistema; VIII – integridade: qualidade da informação não modificada, inclusive quanto à origem, trânsito e destino; IX – primariedade: qualidade da informação coletada na fonte, com o máximo de detalhamento possível, sem modificações.

- *CGE RO/Assistente de controle interno/2018 – FUNRIO*

"Avalie se a Lei Nº 12.527/2011, que regula o acesso a informações, estabelece as seguintes definições:

I. Informação: dados, processados ou não, que podem ser utilizados para produção e transmissão de conhecimento, contidos em qualquer meio, suporte ou formato.

II. Documento: unidade de registro de informações, qualquer que seja o suporte ou formato.

III. Informação sigilosa: aquela submetida temporariamente à restrição de acesso público em razão de sua imprescindibilidade para a segurança da sociedade e do Estado.

IV. Informação pessoal: aquela relacionada à pessoa natural identificada ou identificável.

Estão corretas as definições:

A) I, II e III, apenas.

b) III e IV, apenas.

c) I, II e IV, apenas.

d) II, III e IV, apenas.

e) I, II, III e IV."

Obs.: a afirmativa correta é a letra E. Para os efeitos desta Lei, conforme seu art. 4º. considera-se: I – informação: dados, processados ou não, que podem ser utilizados para produção e transmissão de conhecimento, contidos em qualquer meio, suporte ou formato; II – documento: unidade de registro de informações, qualquer que seja o suporte ou formato; III – informação sigilosa: aquela submetida temporariamente à restrição de acesso público em razão de sua imprescindibilidade para a segurança da sociedade e do Estado; IV – informação pessoal: aquela relacionada à pessoa natural identificada ou identificável;"

▶ **Observação:** note que no mesmo ano, porém, em concursos distintos, a Banca FUNRIO cobrou conceitos abordados no mesmo dispositivo legal.

Art. 5º É dever do **Estado garantir** o direito de **acesso à informação**, que será **franqueada**, mediante procedimentos objetivos e ágeis, de **forma transparente**, **clara** e em **linguagem** de **fácil compreensão**.

1. Transparência

A Administração Pública deve propagar entre seus agentes, práticas de transparência, almejando o incremento da cultura da lisura, culminando na percepção popular de seu direito fundamental de acesso à informação.

Para tal, deverá implementar mecanismos de divulgação proativa de informações de interesse coletivo e criar ferramentas que facilitem tal acesso.

▶ **Atenção:** a maioria das questões sobre o art. 5º da LAI é extraída do texto da Lei. É fundamental que o candidato fique atento à "troca" de expressões corretas por expressões incorretas por parte do examinador.

Aplicação em concurso:

- *CRESS – SC/Assistente Administrativo Jr/2019 – Quadrix*

"À luz da lei nº 12.527, de 18 de novembro de 2011, responda à questão.

Leia as assertivas e assinale a incorreta.

C) é dever do Município garantir o direito de acesso à informação, que será franqueada, mediante procedimentos objetivos e ágeis, de forma transparente, clara e em linguagem de fácil compreensão."

Obs.: questão correta, consoante o art. 5º, caput, da LAI.

- *CRECI 14/Agente Fiscal /2017 – MSCONCURSOS*

  "À luz da lei nº 12.527, de 18 de novembro de 2011, responda à questão.

  Leia as assertivas e assinale a incorreta.

  C) é dever do Município garantir o direito de acesso à informação, que será franqueada, mediante procedimentos objetivos e ágeis, de forma transparente, clara e em linguagem de fácil compreensão."

  Obs.: questão capciosa! A afirmativa está errada, pois corresponde a um dever do Estado como "Poder Público" e não a um dever isolado deste ou daquele ente central (União, Estados, Municípios e Distrito Federal).

CAPÍTULO II
DO ACESSO A INFORMAÇÕES E DA SUA DIVULGAÇÃO

Art. 6º Cabe aos órgãos e entidades do poder público, observadas as normas e procedimentos específicos aplicáveis, **assegurar** a:

1. Garantia do direito ao acesso à informação

O amplo acesso à informação pode ser analisado sob três primas: a maior quantidade de informações divulgadas, o maior número possível de órgãos e entidades realizando a divulgação e o maior número de indivíduos que tenham acesso a tais dados.

Nesse sentido, e buscando garantir um amplo acesso à informação e uma vasta divulgação de dados, o artigo 6º da LAI estabelece algumas medidas que devem ser observadas pelo Poder Público.

I – gestão transparente da informação, propiciando **amplo acesso** a ela e sua **divulgação**;

1. Gestão transparente da informação

Garantir uma gestão transparente que assegure um amplo acesso e uma efetiva divulgação de dados, onde o Estado viabilize ativamente a criação de mecanismos e processos governamentais mais cristalinos, é impulsionar a participação popular nas ações governamentais, por meio do controle social nas atividades exercidas pelos órgãos públicos[18].

► **Atenção:** geralmente as questões que versam sobre o artigo 6° da LAI são extraídas de sua literalidade e, por conseguinte, exigem que o candidato memorize as obrigações estatais que dele derivam.

Aplicação em concurso:

- *UFRJ /RJ/Administrador/2018 – PR4 UFRJ*

  Assinale a alternativa que contém, nos termos dessa lei, conduta(s) ilícita(s) que enseja(m) responsabilidade do agente público.

  B) Assegurar a gestão transparente da informação, propiciando amplo acesso a ela e sua divulgação.

  Obs.: na afirmativa não consta uma conduta ilícita. Refere-se ao inciso I do art.6º, onde é assegurada uma gestão transparente da informação, propiciando amplo acesso a ela e sua divulgação;

2. Acessibilidade

Segundo o Manual da Lei de Acesso à Informação para Estados e Municípios da Controladoria-Geral da União (CGU), o direito relativo ao tema acessibilidade na LAI divide-se em "direito de facilidade de encontrar informações públicas" e "direito das pessoas com deficiência de acessarem a informação".

O "direito de facilidade de encontrar informações públicas", segundo o Manual, foi previsto na LAI como sendo o dever que o gestor público tem de assegurar que a informação seja acessível; ou seja, que o cidadão não encontre impedimentos na obtenção de informações que já tenham sido publicadas ou que sejam solicitadas.

Com isso, é imposto aos órgãos e às entidades públicas, detentores de tais informações, o dever de divulgá-las na internet ou em outros meios, atentos a uma comunicação facilmente assimilável, evitando termos técnicos ou siglas que venham a impossibilitar sua compreensão.

---

18. Controle Social é a participação do cidadão na gestão pública, na fiscalização, no monitoramento e no controle da Administração Pública.
CONTROLADORIA GERAL DA UNIÃO. **Manual da Lei de Acesso à Informação para Estados e Municípios.** 2013. Disponível em: <https://www.cgu.gov.br/Publicacoes/transparencia-publica/brasil-transparente/arquivos/manual_lai_estadosmunicipios.pdf>. Acesso em: 10 mar. 2019.

No que se refere às pessoas com deficiência, é de obrigatória observância pela Administração Pública a adoção medidas que garantam, da mesma forma que aos demais, o direito de acesso à informação, em respeito às políticas públicas de integração e ao Princípio da Isonomia. Adentraremos no assunto com mais minúcia, futuramente, ao estudarmos o art. 8º, VIII, da LAI.

Aplicação em concurso:

- *MTUR/Analista/2014-ESAF*

  "Cabe aos órgãos assegurar a gestão transparente da informação, coibindo o amplo acesso a ela".

  Obs.: afirmativa FALSA. Os órgãos públicos têm o dever de assegurar que a informação seja acessível; que o cidadão não encontre impedimentos na obtenção de informações que já tenham sido publicadas ou que venha a solicitar seu acesso.

Observação: outros certames que já cobraram o mesmo dispositivo:

- *CGE-RO – RN/Assistente/2018 – FUNRIO;*
- *Prefeitura de Herveiras – RS/Auxiliar de Administração/2016 – OBJETIVA;*
- *UFTM/Tecnólogo – Química/2015 – BIO-RIO;*
- *Etc.*

II – proteção da informação, garantindo-se sua **disponibilidade, autenticidade e integridade**; e

1. Proteção da informação e a garantia de sua da disponibilidade, autenticidade e integridade

Temos a LAI como um importante instrumento impositivo ao Estado determinando a proteção de informações, assegurando sua disponibilidade, autenticidade e integridade.

As informações, desde que não sejam sigilosas, quando solicitadas, devem ser fornecidas mediante simples requerimento, de forma autêntica e íntegra, onde os fatos existentes são descritos sem descaracterizações, sem dados faltantes.

Aplicação em concurso:

- *SEJUDH – MT/Advogado/2018 – IBADE*

  "Os procedimentos previstos na lei nº 12.527/2011, a qual regula o acesso a informações, destinam-se a assegurar o direito fundamental de acesso à informação e devem ser executados em conformidade com os Princípios Básicos da Administração Pública e com as seguintes diretrizes:

  E) proteção da informação, garantindo-se sua disponibilidade, autenticidade e integridade."

  Obs.: assertiva incorreta. Na afirmativa não consta uma diretriz da LAI (art. 4°) e sim um dever de observância pelo Estado quando da divulgação de informações (art. 6°, III).

- *UFRJ/RJ/Farma/2016-PR4-UFRJ*

  "Cabe aos órgãos e entidades do poder público, observadas as normas e procedimentos específicos aplicáveis, assegurar a proteção da informação sigilosa e da informação pessoal, observada a sua disponibilidade, autenticidade, integridade e eventual restrição de acesso."

  Obs.: afirmativa correta. Mais uma vez, temos o examinador exigindo a literalidade da lei (art. 6º, III).

III – proteção da informação sigilosa e da **informação pessoal**, observada a sua disponibilidade, autenticidade, integridade e **eventual restrição de acesso.**

1. Proteção da informação sigilosa e pessoal

Da mesma forma que cabe ao Poder Público informar seus passos ao cidadão, igualmente, tem o dever de proteger informações, estabelecendo, por meio da lei, limitações ao direito de acesso, em razão de sua imprescindibilidade para a segurança da sociedade e do Estado ou por se tratarem de informações pessoais.

As hipóteses excepcionais de sigilo (Capítulo IV), além de estribadas em lei, devem ser restritas e nitidamente precisas. Cada exceção deve ser fundamentada em razões de ordem pública, posto que sigilos apenas se esteiam para proteger informações que possam suscitar em infortúnios irreversíveis ou de difícil reparação ao Estado e à sociedade.

Por fim, consagra a LAI, em seu art. 6º, III, a proteção da "informação pessoal" que, por sua vez, foi definida, em seu art. 4º, como sendo "aquela relacionada à pessoal natural identificada ou identificável".

▶ Esquematizando art. 6º, incisos I a III:

Cabe ao Estado assegurar:

- gestão transparente, com amplo acesso e divulgação, observado o sigilo;
- proteção de informação sigilosa e pessoal;
- garantia da disponibilidade, autenticidade e integridade da informação.

Aplicação em concurso:

- *CM Carmo do Cajuru/Ass Com./2018 – FUMARC*

"De acordo com a lei nº 12.527/2011, que regulamenta o direito constitucional de acesso às informações públicas, cabe aos órgãos e às entidades do poder público, observadas as normas e procedimentos específicos aplicáveis, assegurar a:

(1) Gestão transparente da informação, propiciando amplo acesso a ela e sua divulgação.

(2) Proteção da informação, garantindo-se sua disponibilidade, autenticidade e integridade.

(3) Proteção da informação sigilosa e da informação pessoal, observada a sua disponibilidade, autenticidade, integridade e eventual restrição de acesso.

(4) O combate a todas as formas de corrupção, em especial quando exercidas com o objetivo de controlar a informação.

(5) A defesa dos princípios constitucionais e legais, base do estado democrático de direito.

Estão CORRETOS os itens:

A) 1-2-3

B) 2-3-4

C) 2-3-5

D) 3-4-5"

Obs.: alternativa "a". Itens corretos e de acordo com os incisos I, II e III do art. 6º da LAI.

▶ **Observação:** outras provas que já cobraram o mesmo assunto:

- *CGE-RO/Assistente/2018 – FUNRIO;*
- *UFAL/Técnico em Enfermagem/2018 – COPEVE-UFAL;*
- *TRF2/Administrativa/2017 – CONSULPLAN ;*
- *TCE-RN/Assessor Técnico de Informática/CESPE/2015;*
- *Etc.*

Art. 7º O acesso à informação de que trata esta Lei compreende, entre outros, os **direitos de obter**:

1. O direito ao acesso e sua amplitude

A intenção do legislador (*mens legis)* foi a de conferir o maior alcance possível ao direito de acesso a informações, abrangendo todas as informações, ressalvadas as hipóteses legais de sigilo, produzidas ou custodiadas pelos que estejam legalmente subordinados ao regime da LAI, conforme os arts. 1º e 2º da referida Lei.

O catálogo de informações alcançadas pelo acesso, previsto no art. 7º da LAI, é meramente exemplificativo (*numerus apertus)*, abrangendo além das informações ali positivadas, outras que sejam de interesse particular ou de interesse coletivo ou geral.

O referido dispositivo, como dito anteriormente, elenca de forma não exaustiva, um núcleo essencial de informações que os administrados terão acesso; evidenciando, assim, que estas deverão ser disponibilizadas de forma primária – mais próximas a sua origem, proporcionando aos cidadãos uma informação direta, sem mediações sobre seu conteúdo – , íntegra – em sua totalidade, com todas suas partes constituintes e nas palavras originais – , autêntica – verdadeira, legítima, legitimada por lei – e atualizada – corrente, efetiva.

I – orientação sobre os procedimentos para a consecução **de acesso**, bem como sobre o local onde poderá ser encontrada ou obtida a informação almejada;

1. Orientações quanto o acesso

Tal dispositivo assegura que o cidadão, além de ter acesso a dados e informações que almeja, deva também ser orientado acerca dos mecanismos e trâmites que oportunizarão a obtenção do que procura, bem como, do local onde o acesso será efetivado.

Aplicação em concurso:

- *UFRGS/RS/Assistente Adm/2018 – FAURGS*

  " O acesso à informação de que trata esta lei compreende, entre outros, os direitos de obter orientação sobre os procedimentos para a consecução de acesso, bem como sobre o local onde poderá ser encontrada ou obtida a informação almejada."

  Obs.: afirmativa correta e em pleno sincronismo com art. 7º, I, da LAI.

- *Pref. N Horizonte/SP/Procurador/2017 – FUNDATEC*

  "O acesso à informação compreende, entre outros, os direitos de obter orientação sobre os procedimentos para a consecução de acesso, sendo ônus do interessado o local onde poderá ser encontrada ou obtida a informação almejada."

  Obs.: afirmativa errada. É direito do interessado obter orientação sobre os procedimentos para a consecução do acesso, bem como sobre o local onde poderá ser encontrada ou obtida a informação almejada.

II – **informação** contida em registros ou documentos, **produzidos ou acumulados por seus órgãos ou entidades**, recolhidos ou não a arquivos públicos;

1. Informações em repartições públicas

É, inclusive, direito do administrado receber informações de registros ou documentos produzidos ou acumulados pela Administração Pública, arquivados ou não.

Tratando-se do inciso II, o STJ entendeu que a obtenção de informação contida em registros ou documentos, produzidos ou acumulados por órgãos ou entidades públicas, constitui ônus do autor da ação e não do demandando, visto que o acesso a tais documentos, consoante pressuposto basilar da LAI, lhe é perfeitamente possível nas repartições públicas competentes.

▶ **STJ**

> "Ementa: PROCESSUAL CIVIL. ADMINISTRATIVO. AGRAVO DE INSTRUMENTO. CUMPRIMENTO DE SENTENÇA. APRESENTAÇÃO DE DOCUMENTOS. (...)**é ônus da parte autora juntar os documentos pertinentes à comprovação do seu alegado direito, não sendo correto atribuir tal tarefa à demandada, até porque tais documentos lhe são perfeitamente acessíveis, inclusive por expressa determinação**

legal. – Art. 1º e 2º da Lei 9.051/95 e Lei de Acesso à Informação (Lei n 12.527/2011), arts. 5 º, 6 º, 7 º inciso II, 10. **As informações para a defesa de direito e esclarecimentos de situações devem ser requeridas diretamente à repartição pública competente, só cabendo a intervenção judicial em caso de comprovada dificuldade ou impossibilidade em obter as informações, o que não é o caso dos autos.**" (STJ – REsp: 1768340 RS 2018/0245538-5, Rel. Min. Assusete Magalhães, DJ 24/10/2018)

Atenção: é fundamental que o examinado conheça os direitos conferidos aos administrados pelo art. 7º da LAI. Ora as questões incluirão direitos ali não abrangidos, ora, de forma incorreta, ligarão tais prerrogativas a outros temas da LAI (afirmando, por exemplo, que seriam "diretrizes") ou simplesmente questionarão se tais direitos são legalmente assegurados.

Aplicação em concurso:

- *SAP/SP/Agente/2015-VUNESP*

  "A lei federal nº 12.527/11 considera imprescindíveis à segurança da sociedade ou do Estado e, portanto, passíveis de classificação, as informações:

  C) em registros ou documentos, produzidos ou acumulados por seus órgãos ou entidades, em arquivo público."

  Obs.: afirmativa errada. As hipóteses de informações que são consideradas imprescindíveis à segurança da sociedade ou do Estado e, portanto, passíveis de classificação de sigilo, estão previstas no art. 23 da LAI. Neste caso, trata-se de uma garantia referente ao acesso (art. 7 º, II, da LAI).

- *TCE-CE/Controle Externo/2015-FCC*

  "A Lei de Acesso à informação, lei nº 12.527/2011,

  E) regula como direito obter tanto informação sobre atividades exercidas pelos órgãos e entidades, quanto a informação contida em registros ou documentos, produzidos ou acumulados por seus órgãos ou entidades, recolhidos ou não a arquivos públicos, entre outras."

  Obs.: afirmativa correta! Cópia literal do art. 7 º, II, da LAI.

III – **informação** produzida ou custodiada por pessoa física ou entidade privada decorrente **de qualquer vínculo com seus órgãos ou entidades, mesmo** que esse vínculo já tenha **cessado**;

1. Informações retidas por agentes públicos

É igualmente assegurado ao administrado o direito de obter dados produzidos ou guardados por pessoas físicas ou entidade privada, oriundos de vínculos com a Administração Pública, mesmo que já tenham cessado. Como exemplos de tais "vínculos" podemos citar: contratos, convênios, termos de parceria, termos de repasse, dentro outros.

Aplicação em concurso:

- *TJ/SC/JE/2015 – FCC*

"Vigora no Brasil, disciplinando o direito constitucional de acesso à informação, a lei nº 12.527/11. É ideia ESTRANHA ao regime dessa lei a:

C) inclusão, no sentido de acesso à informação, do direito de obter informação produzida ou custodiada por pessoa física ou entidade privada decorrente de qualquer vínculo com seus órgãos ou entidades, mesmo que esse vínculo já tenha cessado."

Obs.: afirmativa errada, pois tal direito é garantido de forma clara pelo inciso III do art. 7º.

Observação: outros concursos públicos que já cobraram o mesmo tema:

- *CRP – 2º Região (PE)/Psicólogo/2018 – Quadrix;*
- *UFSM/Engenheiro Agrícola/2017 – UFSM;*
- *Etc.*

IV – informação **primária, íntegra, autêntica e atualizada**;

1. Informações fornecidas com padrões mínimos de qualidade

A informação fornecida deve ser coletada na fonte, com o máximo de detalhamento possível, sem modificações (primária); não modificada, inclusive quanto à origem, trânsito e destino (íntegra); deve ser produzida, expedida, recebida ou modificada por determinado indivíduo, equipamento ou sistema (autêntica) e por fim, atualizada.

Aplicação em concurso:

- *PGE/AP/Procurador/2018 – FCC*

"O direito de acesso à informação, disciplinado pela lei federal nº 12.527/2011, estatui que a informação a ser fornecida pela Administração deve ter determinadas qualidades, arroladas no art. 7º, inciso IV, do referido diploma. NÃO está dentre as qualidades ali mencionadas a

A) atualidade.

B) primariedade.

C) publicidade.

D) autenticidade.

E) integridade."

Obs.: Alternativa C. O art. 7º não cita a Publicidade como uma das qualidades da informação; sendo um dos princípios constitucionais explícitos do Direito Administrativo (art. 37, caput, da CF/88). O art. 7° traz que: o acesso à informação de que trata esta Lei compreende, entre outros, os direitos de obter: (...) IV – informação primária (primariedade), íntegra (integridade), autêntica (autenticidade) e atualizada (atualidade).

- *TJ/TRF2/Administrativa/2017 – CONSULPLAN*

  "Nos termos da lei nº 12.257, de 18 de novembro de 2011 (Lei de Acesso à Informação), é INCORRETO afirmar que:

  A) O acesso à informação de que trata esta lei compreende, entre outros, os direitos de obter informação primária, íntegra, autêntica e atualizada."

  Obs.: afirmativa correta! Em plena consonância com art. 7 º, IV, da LAI.

V – informação sobre **atividades** exercidas pelos **órgãos e entidades**, inclusive as relativas à sua **política, organização e serviços**;

1. Informações sobre a Administração Pública

O dispositivo, ora em comento, estabelece que, identicamente, cabe ao Estado fornecer aos interessados dados sobre as atividades e serviços prestados pela Administração Pública, inclusive sua política e organização[19].

Vale relembrar que, em um sentido amplo, a expressão Administração Pública engloba as atividades políticas (planejamento de políticas públicas) e também as atividades jurídicas não contenciosas (execução de políticas públicas).

▶ **Atenção:** são recorrentes as questões em que o examinador, de forma capciosa, insere os direitos assegurados no art. 7º, como hipóteses de informações que são consideradas imprescindíveis à segurança da sociedade ou do Estado e, portanto, passíveis de classificação (art. 23 da LAI).

19. Maria Sylvia Zanella Di Pietro conceitua administração pública (grafada com iniciais minúsculas) em sentido objetivo, material ou funcional como sendo a própria atividade administrativa exercida pelo Estado por seus órgãos e agentes, caracterizando, enfim, a função administrativa. DI PIETRO, Maria Sylvia Zanella. Direito administrativo. 27. ed. São Paulo: Atlas, 2014.

Aplicação em concurso:

- *CM Registro/Advogado/2016 – VUNESP*

  "O art. 23 da lei nº 12.527/2011 considera imprescindíveis à segurança da sociedade ou do Estado e, portanto, passíveis de classificação, as informações

  D) sobre atividades exercidas pelos órgãos e entidades públicas, inclusive as relativas à sua política, organização e serviços."

  Obs.: afirmativa errada. Mais uma vez, o examinador tenta confundir o candidato, elencando o direito assegurando no art. 7º, V, como hipótese de informação que é considerada imprescindível à segurança da sociedade ou do Estado e, portanto, passível de classificação (art. 23 da LAI).

VI – informação pertinente à **administração do patrimônio público**, utilização de **recursos públicos, licitação, contratos administrativos**; e

VII – informação relativa:

a) à implementação, acompanhamento e resultados dos **programas, projetos e ações dos órgãos e entidades públicas**, bem como **metas e indicadores propostos**;

b) ao resultado de **inspeções, auditorias, prestações e tomadas de contas realizadas pelos órgãos de controle interno e externo**, incluindo **prestações de contas relativas a exercícios anteriores.**

1. Informações sobre a gestão de recursos públicos

É, igualmente, dever do Estado, consoante o art. 7º, VI e VII, da LAI, fornecer informações referentes ao patrimônio público e sobre a gestão de recursos públicos, incluindo: licitações, contratos, projetos e programas de governo, auditorias e prestações de contas, inclusive as dos exercícios anteriores. Tais dispositivos garantem a efetivação do "controle externo popular da Administração Pública".

Temos como "controle da Administração Pública" qualquer instrumento jurídico e/ou administrativo que viabilize sua fiscalização; e, nesse sentido, se insere o "controle externo popular da Administração Pública", isto é, hipóteses em que a população fiscaliza o Poder Público sem intermediários.

Atenção: geralmente, nas questões sobre o tema em comento, o examinador se refere aos direitos garantidos pelo art. 7°, VI e VII, como prerrogativas não conferidas pela lei.

Aplicação em concurso:

- *TJ/AL/JE/2015 – FCC*

  "Invocando a lei n. º 12.527/11, que trata do acesso à informação pública, um cidadão pleiteia à Administração Pública de um Estado-membro da Federação Brasileira o acesso a determinado documento. Raciocinando por hipótese, seria um argumento compatível com a referida lei, para que o Estado negasse o pedido,

  E) tratar-se de documento contendo informações pertinentes à Administração do patrimônio público."

  Obs.: afirmativa errada. O acesso a documentos que contenham informações pertinentes à administração do patrimônio público é garantido pelo art. 7º, inciso VI.

- *Pref. SP/Analista/2015 – VUNESP*

  " O cidadão não tem acesso à informação sobre a implementação, acompanhamento e resultados dos programas, projetos e ações dos órgãos e entidades públicas."

  Obs.: afirmativa errada. Direito claramente assegurado pelo art. 7º, VI, a, da LAI.

- *Pref. João Pessoa/CGM/2018 – CESPE*

  "O acesso à informação compreenderá o direito à informação acerca do resultado de prestações e tomadas de contas realizadas pelos órgãos de controle interno e externo, salvo as prestações de contas relativas a exercícios anteriores."

  Obs.: afirmativa errada. O acesso à informação assegura, inclusive, o direito de obter prestações de contas de exercícios anteriores (art. 7º, inciso VII, "b").

- *TC/DF/Controle Externo/2014 – CESPE*

  " Independentemente de requerimentos, os órgãos e entidades do DF devem promover a divulgação de informações nas quais constem, entre outros aspectos, os resultados de inspeções e auditorias, prestações de contas e tomadas de contas especiais realizadas pelos órgãos de controle interno e externo, incluindo as prestações de contas relativas a exercícios anteriores."

  Obs.: afirmativa correta. Cópia literal do art. 7°, VII,"b", da LAI.

Observação: outros concursos públicos que já cobraram o mesmo tema:

- *Faceli/Administrador/2015 – FUNCAB;*
- *IF-RS/Auxiliar de Administração/2016 – IF-RS;*

- *Prefeitura de Palmas – TO/Procurador Municipal/2016 – COPESE – UFT;*
- *Etc.*

▶ **Esquematizando art. 7º, incisos I a VII:**

Informações que podem ser obtidas:
☐ orientação sobre os procedimentos de acesso, onde encontrar ou obter a informação;
☐ informação produzida ou acumulada pelo Estado, arquivadas ou não;
☐ informação produzida ou custodiada por pessoa de qualquer vínculo com Estado, mesmo que vínculo cessado;
☐ informação primária, íntegra, autêntica e atualizada;
☐ informação sobre atividades estatais, inclusive sua política, organização e serviços;
☐ informação sobre uso recursos públicos, licitação, contratos administrativos na administração do patrimônio público
☐ informação sobre programas, projetos e ações estatais, inclusive metas e indicadores propostos;
☐ informação sobre inspeções, auditorias, prestações e tomadas de contas de controle interno e externo, incluindo prestações de contas anteriores.

▶ **Atenção:** o artigo 7º foi, até o momento, o artigo mais cobrado nas questões de concurso que versavam sobre o capítulo II da LAI.

Aplicação em concurso:

- *CM Recife/PE/Arqui/2014-FGV*

  "O acesso à informação de que trata a Lei nº 12.527, de 18 de novembro de 2011, compreende, entre outros, os direitos de obter:

  I. informação contida em registros ou documentos, produzidos ou acumulados por seus órgãos ou entidade, recolhidos ou não a arquivos públicos;

  II. informação produzida ou custodiada por pessoa física ou entidade privada decorrente de qualquer vínculo com seus órgãos ou entidades do poder público, mesmo que esse vínculo já tenha cessado;

  III. informação primária, secundária, íntegra, autêntica e atualizada.

  São verdadeiras somente as afirmativas:

  A) I;

  B) II;

C) I e II;

D) I e III;

E) II e III."

Obs: alternativa C. Art. 7 º: O acesso à informação de que trata a lei compreende, entre outros, no direito de obter: (...) II – informação contida em registros ou documentos, produzidos ou acumulados por seus órgãos ou entidades, recolhidos ou não a arquivos públicos; (item I); III – informação produzida ou custodiada por pessoa física ou entidade privada decorrente de qualquer vínculo com seus órgãos ou entidades, mesmo que esse vínculo já tenha cessado; (item II); IV – informação PRIMÁRIA, íntegra, autêntica e atualizada. (item III, onde o examinador simplesmente alterou a expressão PRIMÁRIA por SECUNDÁRIA).

- *IPREV Guarulhos/SP/Ag Adm/2016-VUNESP*

"O acesso à informação de que trata a lei nº 12.527/2011 compreende, entre outros, o direito de obter informação

A) secundária, fragmentada, autêntica e atualizada.

B) contida em registros ou documentos, produzidos ou acumulados por seus órgãos, desde que não tenham sido recolhidos aos arquivos públicos.

C) produzida ou custodiada por pessoa física ou entidade privada decorrente de qualquer vínculo com seus órgãos ou entidades, exceto se esse vínculo já tiver cessado.

D) relativa ao resultado de inspeções, auditorias, prestações e tomadas de contas realizadas pelos órgãos de controle interno e externo, incluindo prestações de contas relativas a exercícios anteriores.

E) relativa a projetos de pesquisa e desenvolvimento científicos ou tecnológicos que envolvam a segurança do Estado e da sociedade."

Obs.: alternativa correta D. Segundo o art. 7º, o acesso à informação de que trata a Lei compreende, entre outros, no direito de obter: II – informação contida em registros ou documentos, produzidos ou acumulados por seus órgãos ou entidades, recolhidos ou NÃO a arquivos públicos (letra B); III – informação produzida ou custodiada por pessoa física ou entidade privada decorrente de qualquer vínculo com seus órgãos ou entidades, MESMO QUE ESSE VÍNCULO JÁ TENHA CESSADO (letra C); IV – informação PRIMÁRIA, ÍNTREGRA, autêntica e atualizada (letra A); VII – informação relativa: b) ao resultado de inspeções, auditorias, prestações e tomadas de contas realizadas pelos órgãos de controle interno e externo, incluindo prestações de contas relativas a exercícios anteriores (letra D); § 1º: O acesso à informação previsto no caput NÃO COMPREENDE as informações referentes a projetos de pesquisa e desenvolvimento científicos ou tecnológicos cujo sigilo seja imprescindível à segurança da sociedade e do Estado (letra E).

§ 1º O **acesso** à informação previsto no caput **não compreende** as informações referentes a projetos de **pesquisa e desenvolvimento científicos ou tecnológicos** cujo **sigilo seja imprescindível à segurança** da sociedade e do Estado.

1. Dados sobre pesquisas e desenvolvimento científico ou tecnológico

Informações sobre pesquisas e desenvolvimento científico ou tecnológico, desde que imprescindíveis à segurança da sociedade e do Estado, não estão abrangidas pelo direito de acesso. Tais informações demandam sigilo e não são públicas, resguardando, desta forma, interesses maiores. Os dados em questão são expressamente protegidos por sigilo e, portanto, integrando o rol das exceções previstas no artigo 7º, complementado pelo artigo 22[20] e inciso VI[21] do artigo 23 da Lei de Acesso à Informação.

Aplicação em concurso:

- *Pref Recife/PE/APOG/2019 – FCC*

  "Suponha que determinado cidadão tenha protocolado pedido de informação, invocando a Lei de Acesso à Informação (lei nº 12.527, de 18 de novembro de 2011), perante autarquia municipal, solicitando informações sobre os projetos constantes em seu planejamento estratégico, bem como sobre os indicadores estabelecidos para aferição das metas e resultados estabelecidos. A referida autarquia, contudo, negou acesso à referida informação. À luz da legislação aplicável, tal conduta afigura-se juridicamente legítima:

  B) na hipótese de se tratar de informações referentes a projetos de pesquisa e desenvolvimentos científicos ou tecnológicos cujo sigilo seja imprescindível à segurança da sociedade e do Estado."

  Obs.: afirmativa correta e em sintonia com art. 7º, § 1º, da LAI.

- *UFRJ/Contramestre Ofício – Geral/2019 – UFRJ*

  "Renato, na qualidade de cidadão, solicitou à UFRJ acesso às informações de determinado projeto de pesquisa e desenvolvimento tecnológico da

20. Art. 22, Lei nº 12.527/11: "O disposto nesta Lei não exclui as demais hipóteses legais de sigilo e de segredo de justiça nem as hipóteses de segredo industrial decorrentes da exploração direta de atividade econômica pelo Estado ou por pessoa física ou entidade privada que tenha qualquer vínculo com o poder público".
21. Art. 23, Lei nº 12.527/11: "São consideradas imprescindíveis à segurança da sociedade ou do Estado e, portanto, passíveis de classificação as informações cuja divulgação ou acesso irrestrito possam: [...] VI – prejudicar ou causar risco a projetos de pesquisa e desenvolvimento científico ou tecnológico, assim como a sistemas, bens, instalações ou áreas de interesse estratégico nacional".

Universidade, alegando em seu pedido o direito de acesso à informação, com base no artigo 5º, inciso XXXIII, da Constituição Federal e conforme a Lei nº 12.527/11 (LAI). Entretanto, a Universidade recusou o pedido, alegando que o sigilo do projeto era imprescindível à segurança da sociedade e do Estado. Analisando a presente questão, é correto afirmar que:

E) a UFRJ tem razão na recusa, pois o direito de acesso à informação não compreende as informações referentes ao projeto de pesquisa e desenvolvimento científicos ou tecnológicos cujo sigilo seja imprescindível à segurança da sociedade e do Estado."

Obs.: afirmativa correta. Na questão, o examinador mescla um "caso problema" e a literalidade da lei (art. 7º, § 1º, da LAI.)

Observação: outras provas que já cobraram o mesmo dispositivo:

- *UFGRS /RS /Ass Adm/2018 – UFGRS;*
- *MPE-RO/Promotor de Justiça Substituto/2017 – FMP Concursos;*
- *CGM de João Pessoa – PB/CGM/2016 – CESPE;*
- *Prefeitura de Barbacena/Advogado/2016 – FCM;*
- *IF Farroupilha – RS/Docente – Administração/2016 – FCM;*
- *Etc.*

§ 2º Quando **não for autorizado acesso integral** à informação por ser ela **parcialmente sigilosa**, é **assegurado o acesso à parte não sigilosa** por meio de certidão, extrato ou cópia **com ocultação da parte sob sigilo**.

1. Informação parcialmente sigilosa

As informações que não puderem ser acessadas em sua integralidade, por possuírem alguns dados protegidos pelo sigilo, poderão ter seus dados não classificados como sigilosos acessados. O acesso dar-se-á por meio de certidões, extratos ou cópias, que terão a parte sob sigilo ocultada.

Aplicação em concurso:

- *PM SP/Soldado/2015 – VUNESP*

  "Soldado da Polícia Militar do Estado de São Paulo, integrante do Serviço de Informações ao Cidadão da Polícia Militar, previsto e instalado nos termos da lei federal nº 12.527/11 e do Decreto Estadual nº 58.052/12, recebe pedido de informação de cidadão que solicita acesso a determinado documento que possui informações de caráter público e algumas informações com caráter sigiloso. Nesse caso, deverá o Soldado

A) assegurar ao cidadão o acesso à parte não sigilosa por meio de certidão, extrato ou cópia com ocultação da parte sob sigilo."

Obs.: afirmativa verídica. Na questão, mais uma vez, o examinador mescla um "caso problema" com o texto da lei (art. 7º, § 2º, da LAI.)

§ 3º O direito de **acesso aos documentos** ou às informações neles contidas utilizados como fundamento da **tomada de decisão e do ato administrativo** será assegurado com a **edição do ato decisório respectivo**.

1. Acesso à fundamentação da tomada de decisão e do ato administrativo

Com a inserção de tal previsão, o legislador teve a clara intenção de garantir aos administrados o acesso não apenas às decisões proferidas pela Administração Pública, mas, da mesma forma, aos seus motivos determinantes. Nessa toada, estabeleceu o legislador que os documentos que "fundamentem" tomadas de decisões e atos administrativos têm seu acesso "assegurado" com a edição do ato decisório respectivo.

No mesmo sentido, temos o art. 54, § 1º, da Lei nº 9784/99, que regula o processo administrativo no âmbito da Administração Pública Federal:

> "A motivação deve ser explícita, clara e congruente, podendo consistir em declaração de concordância com fundamentos de anteriores pareceres, informações, decisões ou propostas, que, neste caso, serão parte integrante do ato".

▶ **Atenção:** nas questões sobre o dispositivo em comento, ora a banca afirmará que é vedado o acesso aos documentos ou às informações que fundamentem a tomada de decisão e o ato administrativo (o que é incorreto) e ora transcreverá corretamente o texto legal, pugnando pelo direito ao acesso.

Aplicação em concurso:

- *SEPOG SP/Controle e Auditoria/2017-VUNESP*

"O direito fundamental do cidadão de acesso a documentos, dados e informações, nos termos do Decreto Estadual nº 58.052/2012, que regulamenta a lei federal n.° 12.527/2011 (Lei de Acesso à Informação), abrange

B) aqueles utilizados como fundamento da tomada de decisão e do ato administrativo, que serão fornecidos ao interessado com a edição do ato decisório."

Obs.: afirmativa correta, consoante o previsto no art. 7º, § 3º, da LAI.

- *IPSMI/Procurador/2016 – VUNESP*

  "com a edição do ato decisório fica dispensável o acesso aos documentos ou às informações neles contidas utilizados como fundamento da tomada de decisão e do ato administrativo."

  Obs.: afirmativa errada. Como já visto, o art. 7º, § 3º, da LAI, garante o acesso aos documentos ou às informações que fundamentem a tomada de decisão e o ato administrativo.

Observação: outras provas que já cobraram o mesmo dispositivo:

- *UFGRS/Administrator/2018 – COPERVE – UFSC;*
- *IPSMI/IPSMI – Procurador/2016 – VUNESP;*
- *Etc.*

§ 4º A **negativa de acesso** às informações objeto de pedido formulado aos órgãos e entidades referidas no art. 1º, **quando não fundamentada, sujeitará o responsável a medidas disciplinares**, nos termos do art. 32 desta Lei.

1. A negativa de acesso à informação à luz do Princípio da Motivação

Como já dito anteriormente, o "Princípio da Motivação" – Princípio Constitucional implícito do Direito Administrativo e positivado pelo legislador ordinário, no art. 50 da Lei nº 9787/99 (Lei do Processo Administrativo Federal) – traduz-se em um verdadeiro instrumento de controle social da atuação administrativa, na medida em que determina que o gestor público esclareça os motivos de fato e de direito que embasaram a prática do ato.

Para os administrativistas pátrios, referido princípio funciona, ainda, como legítimo "vetor" da atuação discricionária por parte da Administração Pública, viabilizando que a sociedade tenha acesso aos "porquês" daquela decisão, permeada de conveniência e oportunidade.

Vale destacar ainda a consagrada "Teoria dos Motivos Determinantes" estabelecendo que, uma vez expostos os motivos que ensejaram a prática do ato, esses passam a vinculá-lo e, sendo falsos ou inexistentes, acarretam sua invalidade.

O Princípio da Motivação tem aplicação direta na LAI, uma vez que a decisão que nega o acesso aos dados pretendidos deve ser fundamentada; caso contrário o responsável pela guarda da informação solicitada estará sujeito às devidas sanções, conforme o art. 33 da Lei nº 12.527/11[22].

22. Art. 33, Lei nº 12.527/11: "A pessoa física ou entidade privada que detiver informações em virtude de vínculo de qualquer natureza com o poder público e deixar de observar

Aplicação em concurso:

- *CM Sumaré/Proc Jur/2017-VUNESP*

  " A Administração poderá fornecer o inteiro teor de decisão de negativa de acesso, por certidão ou cópia, caso atendido o interesse público."

  Obs.: afirmativa errada. É direito público subjetivo do solicitante, receber o inteiro teor da decisão denegatória de acesso às informações. Não se trata de mera "liberalidade ou favor" do gestor público (arts. 7º, § 4º e 14, da LAI).

§ 5º Informado do **extravio da informação solicitada**, poderá o interessado requerer à autoridade competente a imediata abertura de **sindicância para apurar** o desaparecimento da respectiva documentação.

§ 6º Verificada a hipótese prevista no § 5º deste artigo, o **responsável pela guarda da informação extraviada** deverá, no **prazo de 10 (dez) dias, justificar** o fato e **indicar testemunhas que comprovem sua alegação**.

1. Extravio da informação solicitada

No caso de desaparecimento da informação solicitada, poderá o interessado requerer à autoridade administrativa competente a imediata instauração de procedimento administrativo, com intuito de que se apure o extravio e eventuais responsabilidades.

Caso seja confirmada tal hipótese, o responsável pela guarda da informação extraviada deverá justificar o fato, em até 10 (dez) dias, indicando testemunhas que venham a comprovar suas alegações.

► **Atenção:** as questões sobre o tema estudado exigem que o candidato saiba quais são os procedimentos no caso de extravio das informações, bem como o prazo para que a autoridade tome as devidas providências.

Aplicação em concurso:

- *PGE MT/Técnico Administrativo/2016-FCC*

  "De acordo com a Lei de Acesso à Informação de 2011, uma vez informado o extravio da informação solicitada, o interessado poderá requerer à

o disposto nesta Lei estará sujeita às seguintes sanções: I – advertência; II – multa; III – rescisão do vínculo com o poder público; IV – suspensão temporária de participar em licitação e impedimento de contratar com a administração pública por prazo não superior a 2 (dois) anos; e V – declaração de inidoneidade para licitar ou contratar com a administração pública, até que seja promovida a reabilitação perante a própria autoridade que aplicou a penalidade".

autoridade competente a imediata abertura de sindicância para apurar o desaparecimento da respectiva documentação. Nesta situação, o órgão, ou entidade pública, responsável pela guarda da informação extraviada, deverá

A) reconhecer o fato publicamente em 5 dias e justificar e identificar testemunhas que comprovem sua alegação 10 dias após o reconhecimento.

B) justificar o fato e indicar testemunhas que comprovem sua alegação no prazo de 5 dias.

C) justificar o fato em até 10 dias e indicar testemunhas que comprovem sua alegação no prazo de 20 dias, após a justificativa.

D) reconhecer o fato publicamente em 5 dias e justificar e identificar testemunhas que comprovem sua alegação 5 dias após o reconhecimento.

E) justificar o fato e indicar testemunhas que comprovem sua alegação no prazo de 10 dias."

Obs.: a alternativa "E" é a correta (art. 7º, § 5º, da LAI).

- *CM Registro/Jorn/2016 – VUNESP*

  "A informação sobre o extravio da informação solicitada obriga o solicitante a requerer abertura de sindicância sobre o caso."

  Obs.: afirmativa errada. Informado do extravio da informação solicitada, poderá o interessado optar em requerer ou não à autoridade competente a imediata abertura de sindicância para apurar o desaparecimento da respectiva documentação.

- *CM SJC/Jornalista/2014 – VUNESP*

  "Se houver o extravio da informação solicitada, caberá ao responsável a iniciativa de proceder à abertura de sindicância para apurar o desaparecimento do documento."

  Obs.: afirmativa errada. Cabe ao interessado pela informação a solicitação de abertura de sindicância.

Art. 8º É **dever** dos órgãos e entidades públicas promover, **independentemente de requerimentos**, a **divulgação** em local de **fácil acesso**, no âmbito de suas competências, **de informações de interesse coletivo ou geral** por eles produzidas ou custodiadas.

1. Transparência Ativa

A LAI ao ordenar à Administração Pública que, por iniciativa própria, independentemente de requerimentos, publique informações de interesse geral ou coletivo, por ela produzidas ou custodiadas, ressalvadas as exceções previstas legais, consagra a "Transparência Ativa".

Temos como Transparência Ativa aquela em que a informação é disponibilizada *ex officio* por parte da Administração Pública, isto é, independentemente de provocação (*sponte própria*).

A Transparência Ativa é prevista pela LAI, expressamente nos arts. 3 º, II, e 8º *caput*:

> "Art. 3°. Os procedimentos previstos nesta Lei destinam-se a assegurar o direito fundamental de acesso à informação e devem ser executados em conformidade com os princípios básicos da administração pública e com as seguintes diretrizes:
>
> [...]
>
> II – divulgação de informações de interesse público, independentemente de solicitações;
>
> [...]
>
> Art. 8°. É dever dos órgãos e entidades públicas promover, independentemente de requerimentos, a divulgação em local de fácil acesso, no âmbito de suas competências, de informações de interesse coletivo ou geral por eles produzidas ou custodiadas".

De acordo com o Governo Federal, "a divulgação proativa de informações de interesse público, além de facilitar o acesso das pessoas e reduzir o custo com a prestação de informações, evita o acúmulo de pedidos de acesso a temas semelhantes"[23].

2. Transparência Ativa X Princípio da Eficiência

Como corolário natural da transparência ativa, temos a satisfação por parte da Administração Pública, do "Princípio Constitucional da Eficiência" (art. 37, *caput,* da CF/88).

Com a disponibilização do maior número de informações possíveis que poderiam ser solicitadas pela população, a Administração Pública reduz efetivamente a demanda de pedidos de divulgação de dados, viabilizando a otimização de recursos materiais e de pessoal, acarretando a prestação de mais serviços públicos, em menos tempo, com mais qualidade e menos custos.

Segundo a lição do saudoso Hely Lopes de Meirelles, "o Princípio da Eficiência exige que a atividade administrativa seja exercida com presteza,

23. CONTROLADORIA-GERAL DA UNIÃO. **Aplicação da Lei de acesso à informação na Administração Pública Federal**. Brasília, 2016. 2ª edição. Disponível em: <http://www.acessoainformacao.gov.br/central-de-conteudo/publicacoes/*aplicacao_lai_2edicao*.pdf>. Acesso em 08 mar. 2019.

perfeição e rendimento funcional. É o mais moderno princípio da função administrativa, que já não se contenta em ser desempenhada apenas com legalidade, exigindo resultados positivos para o serviço público e satisfatório atendimento das necessidades da comunidade e seus membros"[24].

Oportuno ressaltar que a observância da transparência ativa por parte do Estado não se resume ao cumprimento do disposto no art. 8º da LAI. Tal dever traduz-se na prática infindável do órgão ou entidade pública de qualificar a informação quanto o seu possível interesse público e, assim sendo, divulgá-la prontamente, como veremos mais adiante.

▶ **Atenção:** geralmente as questões sobre o art. 8º, *caput,* da LAI, são extraídas do texto legal e são assertivas corretas.

Aplicação em concurso:

- *TJ/SP/Estat/2015 – VUNESP*

  "Nos termos do que dispõe a lei nº 12.527/2011, promover a divulgação em local de fácil acesso, no âmbito de suas competências, de informações de interesse coletivo ou geral por eles produzidas ou custodiadas

  A) é dever dos órgãos e entidades públicas, independentemente de requerimentos."

  Obs.: afirmativa correta e de acordo com art. 8º, "caput", da LAI.

- *STM/Analista/2018 – CESPE*

  "A Lei de Acesso à Informação obriga que toda a Administração Pública Direta e Indireta e também os órgãos do Poder Judiciário promovam, independentemente de requerimento, a divulgação, em local de fácil acesso no âmbito de suas competências, de informações de interesse coletivo ou geral por eles produzidas."

  Obs.: afirmativa verdadeira (art. 8º, "caput", da LAI).

§ 1º Na **divulgação das informações** a que se refere o caput, **deverão constar, no mínimo:**

I – **registro das competências e estrutura organizacional**, endereços e telefones das respectivas unidades e horários de atendimento ao público;

---

24. MEIRELLES, Hely Lopes. **Direito Administrativo brasileiro.** 34ª Ed. São Paulo: Malheiros, 2008. p. 94.

II – registros de quaisquer **repasses ou transferências de recursos financeiros**;

III – registros das **despesas**;

IV – **informações** concernentes a procedimentos **licitatórios**, inclusive os respectivos editais e resultados, bem como a todos os **contratos celebrados**;

V – **dados gerais** para o acompanhamento **de programas, ações, projetos e obras** de órgãos e entidades; e

VI – **respostas a perguntas mais frequentes da sociedade**.

1. Conteúdo mínimo de informações

O rol de informações que instrumentaliza a transparência ativa não é exaustivo, e sim meramente exemplificativo (*numerus apertus*). O legislador deixa isso claro ao utilizar a expressão *"deverão constar, no mínimo"*.

Portanto, não são somente os dados ali elencados que deverão ser objeto de iniciativas públicas de transparência, mas, igualmente, todas as demais informações que o órgão ou que a entidade pública julgarem convenientes e de interesse público, salvo as hipóteses legais de sigilo, concretizando, desta forma, a mais ampla e abrangente Transparência Ativa.

▶ **Atenção:** é imprescindível que o examinado saiba exatamente quais são as informações mínimas que constam do rol do art. 8º, § 1º, da LAI. São frequentes as questões em que a banca acrescenta dados que ali não estão inseridos ou simplesmente copia o texto de lei.

Aplicação em concurso:

- *CM Abaetetuba/Agente Legs/2018 – FADESP*

  "De acordo com a legislação que dispõe sobre os procedimentos para garantir o acesso a informações, é dever dos órgãos e entidades públicas promover a divulgação de informações, como

  A) o registro das competências e estrutura organizacional, assim como os endereços e telefones dos respectivos dirigentes."

  Obs.: afirmativa errada. Deverão ser divulgados endereços e telefones das unidades administrativas e horários de atendimento ao público e não dados pessoais dos dirigentes (art. 8º, § 1º, I, da LAI).

- *SEFAZ/RS/Técnico/2018 – CESPE*

  "De acordo com a Lei de Acesso à Informação, é dever dos órgãos e das entidades públicas divulgar em local de fácil acesso informações de interesse coletivo ou geral. A divulgação dessas informações

D) incluirá registros das despesas do ente público, resguardada a privacidade dos agentes públicos quanto a informações pecuniárias."

Obs.: afirmativa errada. Se o interessado tem acesso garantido a registros de despesas, consequentemente, tem direito a acessar informações pecuniárias (art. 8º, § 1º, II, da LAI).

- *CM Salvador/BA/Ouvidoria/2018 – FGV*

"A Lei de Acesso à informação (lei nº 12.527/11) dispõe que é dever dos órgãos e entidades públicas promover, independentemente de requerimentos, a divulgação em local de fácil acesso, no âmbito de suas competências, de informações de interesse coletivo ou geral por eles produzidas ou custodiadas. Para viabilizar o cumprimento dessa obrigação, tais órgãos deverão:

A) publicar o registro de suas competências e estrutura organizacional, sendo facultativo o registro de quaisquer repasses ou transferências de recursos financeiros."

Obs.: afirmativa errada. É obrigatória a divulgação de registros de quaisquer repasses ou transferências de recursos financeiros (8º, § 1º, III, da LAI).

- *CM Registro/Jornalista/2016 – VUNESP*

"As informações sobre procedimentos licitatórios, inclusive os respectivos editais, só podem ser fornecidas após a conclusão do evento."

Obs.: afirmativa errada. Preconiza o art. 8º da LAI: "É dever dos órgãos e entidades públicas promover, independentemente de requerimentos, a divulgação em local de fácil acesso, no âmbito de suas competências, de informações de interesse coletivo ou geral por eles produzidas ou custodiadas. § 1º Na divulgação das informações a que se refere o caput, deverão constar, no mínimo: (...)IV – informações concernentes a procedimentos licitatórios, inclusive os respectivos editais e resultados, bem como a todos os contratos celebrados."

- *SEFAZ/RS/Técnico/2018 – CESPE*

"De acordo com a Lei de Acesso à Informação, é dever dos órgãos e das entidades públicas divulgar em local de fácil acesso informações de interesse coletivo ou geral. A divulgação dessas informações

A) abrangerá os procedimentos licitatórios, bem como todos os contratos celebrados."

Obs.: afirmativa correta."Cópia" do art. 8º, § 1º, IV, da LAI.

- *CM Abeatetuba/Agente Legs/2018 – FADESP*

"De acordo com a legislação que dispõe sobre os procedimentos para garantir o acesso a informações, é dever dos órgãos e entidades públicas promover a divulgação de informações, como

D) os dados gerais para o acompanhamento de programas, ações, projetos e obras de órgãos e entidades, assim como as respostas a perguntas mais frequentes da sociedade."

Obs.: afirmativa correta. Literalidade do art. 8º, § 1º, V, da LAI.

► **Esquematizando art. 8º, § 1º, incisos I a VI:**

Informações mínimas constantes na divulgação:
▫ registro de unidades administrativas, competências,estrutura organizacional, endereços, telefones e horários de atendimento;
▫ registros de repasses ou transferências de recursos financeiros;
▫ registros das despesas;
▫ informações de licitações e contratos celebrados;
▫ dados gerais sobre programas, ações, projetos e obras;
▫ respostas a perguntas mais frequentes da sociedade.

§ 2º Para cumprimento do disposto no caput, os órgãos e entidades públicas deverão utilizar todos os meios e instrumentos legítimos de que dispuserem, **sendo obrigatória a divulgação em sítios oficiais da rede mundial de computadores (internet).**

1. A "world wide web"[25] a favor da Transparência Ativa

O dispositivo acima determina que a Administração Pública divulgue as informações por ela produzidas ou custodiadas em sítios oficiais da internet, viabilizando, desta forma, o fácil, gratuito e dinâmico acesso a tais dados ao maior número de pessoas.

Como exemplo, podemos citar o "Portal da Transparência do Governo Federal"[26], site de acesso livre, no qual o administrado tem acesso a dados referentes à execução orçamentária e à gestão pública do Brasil.

► **Atenção:** tal dispositivo tem um baixo índice de incidência em provas.

25. www (rede de alcance mundial).
26. http://www.portaltransparencia.gov.br.

Aplicação em concurso:

- *CM Salvador/BA/Ouvidoria/2018 – FGV*

  "A Lei de Acesso à informação (lei nº 12.527/11) dispõe que é dever dos órgãos e entidades públicas promover, independentemente de requerimentos, a divulgação em local de fácil acesso, no âmbito de suas competências, de informações de interesse coletivo ou geral por eles produzidas ou custodiadas. Para viabilizar o cumprimento dessa obrigação, tais órgãos deverão:

  D) utilizar todos os meios e instrumentos legítimos de que dispuserem, sendo obrigatória a divulgação em sítios oficiais da rede mundial de computadores na internet."

  Obs.: afirmativa correta e em plena sintonia com o art. 8º, § 2º, da LAI.

- *SABESP/Advogado/2018 – FCC*

  "A informação de interesse coletivo custodiada por um órgão público do município de São Paulo, de acordo com a Lei n° 12.527/2011 (Lei de Acesso à Informação), em regra,

  B) deve ser divulgada em local de fácil acesso, sendo dispensada a divulgação em sítios oficiais da rede mundial de computadores."

  Obs.: afirmativa incorreta. Tal divulgação na internet é obrigatória. (art. 8º, § 2º, da LAI).

§ 3º Os **sítios de que trata o § 2 º** deverão, na forma de regulamento, atender, entre outros, aos **seguintes requisitos:**

1. Requisitos mínimos dos sítios oficiais da internet

Não basta que o Estado crie sítios oficiais, sendo fundamental que tais "portais" sejam dinâmicos e de fácil manuseio; garantindo, assim, que qualquer pessoa possa, facilmente, e sem maiores entraves, extrair o máximo do que eles tenham a oferecer.

Ademais, os sítios na internet utilizados na publicação de informações pelo Estado submetem-se a requisitos mínimos que possibilitem um acesso simples e compreensível pelos usuários, não importando o nível de conhecimento técnico ou eventuais limitações físicas ou intelectuais.

I – conter ferramenta de pesquisa de conteúdo que permita **o acesso à informação de forma objetiva, transparente, clara e em linguagem de fácil compreensão;**

▶ **Atenção:** o inciso I é um dos mais cobrados pelas bancas.

Aplicação em concurso:

- *CRMV-DF/Agente de Fiscalização/2017 – Quadrix*

  "Julgue o item subsecutivo à luz da lei nº 12.527/2011 (Lei de Acesso à Informação). De acordo com as normas constantes da Lei de Acesso à Informação, os sítios dos órgãos devem conter ferramenta de pesquisa de conteúdo que permita o acesso à informação de forma objetiva, transparente, clara e em linguagem de fácil compreensão."

  Obs.: afirmativa correta (art. 8º, § 3º, I, da LAI).

II – possibilitar a **gravação de relatórios** em diversos formatos eletrônicos, inclusive abertos e não proprietários, tais como planilhas e texto, de modo a facilitar a análise das informações;

Aplicação em concurso:

- *IF-PB/Arquivista/2015 – IF-PB*

  "O Decreto nº 7.724, de 16 de maio de 2012, regulamenta a lei nº 12.527, de 18 de novembro de 2011. Em seu capítulo IV, da transparência passiva, Seção I, referente ao Serviço de Informação ao Cidadão, o art. 9º instrui aos órgãos e entidades para criar o Serviço de Informações ao Cidadão (SIC), que deve ter como um dos seus objetivos:

  A) Possibilitar gravação de relatórios em diversos formatos eletrônicos, inclusive abertos e não proprietários, tais como planilhas e texto, de modo a facilitar a análise das informações."

  Obs.: afirmativa incorreta. A assertiva não traz um dos objetivos do SIC, mas sim um dos requisitos dos sítios oficiais na internet (art. 8º, § 3º, II, da LAI).

III – possibilitar o **acesso automatizado por sistemas externos** em formatos abertos, estruturados e legíveis por máquina;

Aplicação em concurso:

- *METRÔ-DF /Arquivista/IADES – 2014*

  "De acordo com a legislação em vigor, são consideradas imprescindíveis à segurança da sociedade ou do Estado, e, portanto, passíveis de classificação, as informações cuja divulgação ou acesso irrestrito possam:

A) oferecer o acesso automatizado por sistemas externos em formatos abertos, estruturados e legíveis por máquina."

Obs.: afirmativa errada. Não se trata de informação passível de classificação como sigilosa, mas sim um dos requisitos dos sítios oficiais na internet (art. 8º, § 3º, III, da LAI).

IV – divulgar em detalhes os **formatos utilizados para estruturação da informação**;

Aplicação em concurso:

- *METRÔ-DF /Arquivista/IADES – 2014*

"De acordo com a legislação em vigor, são consideradas imprescindíveis à segurança da sociedade ou do Estado, e, portanto, passíveis de classificação, as informações cuja divulgação ou acesso irrestrito possam:

E) divulgar em detalhes os formatos utilizados para estruturação da informação."

Obs.: afirmativa errada. Não se trata de informação passível de classificação como sigilosa, mas sim um dos requisitos dos sítios oficiais na internet (art. 8º, § 3º, IV, da LAI).

V – garantir **a autenticidade e a integridade das informações** disponíveis para acesso;

Aplicação em concurso:

- *CNMP/Analista do CNMP – Arquivologia /: FCC – 2015*

"No cumprimento da Lei de Acesso à Informação, os órgãos públicos devem manter sítios oficiais na internet, observando, entre outros requisitos,

A) garantir a autenticidade e a integridade das informações disponíveis para acesso."

Obs.: afirmativa correta (art. 8º, § 3º, V, da LAI).

VI – **manter atualizadas as informações** disponíveis para acesso;

VII – indicar **local e instruções que permitam ao interessado comunicar-se, por via eletrônica ou telefônica**, com o órgão ou entidade detentora do sítio; e

Aplicação em concurso:

- *IF-PB/Arquivista/2015 – IF-PB*

  "O Decreto nº 7.724, de 16 de maio de 2012, regulamenta a lei nº 12.527, de 18 de novembro de 2011. Em seu capítulo IV, da transparência passiva, Seção I, referente ao Serviço de Informação ao Cidadão, o art. 9º instrui aos órgãos e entidades para criar o Serviço de Informações ao Cidadão (SIC), que deve ter como um dos seus objetivos:

  D) Indicar instruções que permitam ao requerente comunicar-se, por via eletrônica ou telefônica, com o órgão ou entidade."

  Obs.: afirmativa incorreta. A assertiva não traz um dos objetivos do SIC, mas sim um dos requisitos dos sítios oficiais na internet (art. 8º, § 3º, VII, da LAI).

VIII – adotar as medidas necessárias para garantir a acessibilidade de conteúdo para pessoas com deficiência, nos termos do art. 17 da Lei no 10.098, de 19 de dezembro de 2000, e do art. 9º da Convenção sobre os Direitos das Pessoas com Deficiência, aprovada pelo Decreto Legislativo nº 186, de 9 de julho de 2008.

Aplicação em concurso:

- *Pref. SP/SP/Analista/2015 – CESPE*

  "a lei exige que sejam adotadas as medidas necessárias para garantir a acessibilidade de conteúdo para pessoas com deficiência na divulgação das informações em sítios oficiais da rede."

  Obs.: afirmativa correta (art. 8º, § 3º, VIII, da LAI).

▶ **Atenção:** art. 8º, § 3º, da LAI é "figura carimbada" nos certames. Já foi cobrado mais de uma dezena de vezes em diferentes concursos públicos. Apenas a título de exemplo, a VUNESP (consagrada banca paulista), já cobrou esse dispositivo mais de 5 vezes.

▶ **Observação:** outras provas que já cobraram o mesmo dispositivo:

- *UFPA/Auxiliar administrativo/2015 – CEPS-UFPA;*
- *CRP – 2º Região (PE)/Assistente Administrativo/2018 – Quadrix;*
- *ARTESP/Especialista em Regulação de Transporte I – Direito/2017 – FCC;*

- *METRÔ-DF/Arquivista/2014 – IBADE;*
- *Etc.*

► **Esquematizando art. 8º, § 1º, incisos I a VIII:**

Requisitos mínimos dos sítios de internet:
☐ conter ferramenta de pesquisa que permita um acesso objetivo, transparente, claro e de fácil compreensão;
☐ possibilitar gravação de relatórios em diversos formatos eletrônicos para análise posterior;
☐ possibilitar o acesso externo automatizado em formatos abertos, estruturados e legíveis por máquina;
☐ divulgar em detalhes os formatos usados para estruturar da informação;
☐ garantir informações autênticas e íntegras;
☐ manter informações atualizadas;
☐ indicar local e instruções de comunicação, por via eletrônica ou telefônica, com o órgão ou entidade detentor do sítio;
☐ adotar as medidas que garantam conteúdo acessível para pessoas com deficiência.

§ 4º Os **Municípios com população de até 10.000 (dez mil) habitantes ficam dispensados da divulgação obrigatória na internet** a que se refere o § 2º, mantida a obrigatoriedade de divulgação, em tempo real, de informações relativas à execução orçamentária e financeira, nos critérios e prazos previstos no art. 73-B da Lei Complementar nº 101, de 4 de maio de 2000 (Lei de Responsabilidade Fiscal)

1. Municípios com menos de 10.000 habitantes e o "rol mínimo de informações"

Da mesma forma que a LAI dispensa municípios com menos de 10.000 habitantes da divulgação obrigatória na internet do "rol mínimo de informações" (art. 8º, §1º), reafirma a obrigatória observância, por tais entes, da publicidade ativa no que tange à Lei de Responsabilidade Fiscal[27], quando estabelece que seja mantida a obrigatoriedade de divulgação,

27. A Lei de Responsabilidade Fiscal – LRF, Lei Complementar n º 101, de 4 de maio de 2000, consoante disposto em seu art. 1º, estabelece "normas de finanças públicas voltadas para a responsabilidade na gestão fiscal, com amparo no Capítulo II do Título VI da Constituição" que objetivam o aperfeiçoamento a gestão das contas públicas estatais, e é de obrigatória observância a todos os níveis de governo (Federal, Estadual e Municipal).

em tempo real, de informações relativas à execução orçamentária e financeira, nos critérios e prazos previstos no art. 73-B da referida lei[28].

► **STJ**

"(...) **não se pode olvidar, ou mesmo desconsiderar as dificuldades operacionais pelas quais passa um ente federativo de diminuto porte como o demandado, cuja população compreende cerca de 3.600 habitantes** (segundo dados mais atualizados do IBGE). É de se concluir, portanto, que, em vista do contexto fático acima descrito, não se afigura adequada a imputação de sanção à edilidade, (...). **Assim, é de se considerar que a adoção de medida desse jaez a um ente federativo do porte da parte ré acabará por inviabilizar a própria gestão do Município, afetando-o de modo substancialmente gravoso."** (STJ – REsp: 1736792 AL 2018/0092353-0, Rel. Min. Mauro Campbell Marques, DJ 08/11/2018)

► **Atenção:** praticamente em todas as questões que versam sobre tal dispositivo, o erro está no número de habitantes dos municípios que estão desobrigados a divulgar o rol mínimo de informações na internet.

Aplicação em concurso:

- *TJ/SC/JE/2017 – FCC*

  "A Lei de Acesso à Informação Pública – lei federal nº 12.527/2011

  C) aponta como dever dos órgãos e entidades públicas promover a divulgação de informações de interesse coletivo ou geral por eles produzidas ou custodiadas, por sítio oficial na internet; todavia, os Municípios de menos de cem mil habitantes estão dispensados da exigência."

  Obs.: afirmativa errada. Apenas os municípios com menos de 10 mil habitantes estão desobrigados da divulgação de informações em sítio eletrônico, conforme §4º do art. 8º da LAI.

- *PC/SP/Delegado/2014 – VUNESP*

  "Nas cidades com mais de 10 mil habitantes, os órgãos e entidades públicas devem promover pela internet o acesso a informações de interesse coletivo por eles produzidas ou custodiadas."

  Obs.: afirmativa correta (art. 8º, §4º, da LAI).

---

28. Art. 73-B (LC 101/2000): "ficam estabelecidos os seguintes prazos para o cumprimento das determinações dispostas nos incisos II e III do parágrafo único do art. 48 e do art. 48-A: I – 1 (um) ano para a União, os Estados, o Distrito Federal e os Municípios com mais de 100.000 (cem mil) habitantes; II – 2 (dois) anos para os Municípios que tenham entre 50.000 (cinquenta mil) e 100.000 (cem mil) habitantes; III – 4 (quatro) anos para os Municípios que tenham até 50.000 (cinquenta mil) habitantes."

Art. 9º O **acesso a informações** públicas será **assegurado mediante**:

I – criação de serviço de informações ao cidadão, nos órgãos e entidades do poder público, em local com condições apropriadas para:

a) **atender e orientar o público** quanto ao acesso a informações;

b) **informar sobre a tramitação de documentos** nas suas respectivas unidades;

c) **protocolizar documentos e requerimentos** de acesso a informações; e

1. Serviço de Informações ao Cidadão – SIC

No art. 9º, inciso I, impõe-se à Administração Pública a criação nas repartições públicas de "serviços de informações ao cidadão" que serão instalados em unidade física identificada, de fácil acesso e aberta ao público.

Os SIC's – Unidades de Serviço de Informações ao Cidadão – devem orientar e atender pessoalmente os interessados, informando-lhes sobre a tramitação das informações solicitadas por meio da emissão de protocolos de requerimentos de acesso a informações e documentos em geral.

Veremos, posteriormente, no art. 45 da LAI, que:

> "compete a cada estado e município, em legislação própria, obedecidas as normas gerais estabelecidas na LAI, definir regras específicas quanto à criação e funcionamento do Serviço de Informação ao Cidadão".

No âmbito do Poder Executivo Federal, os SIC´s são regulamentados pelo Decreto nº 7724/12, que, dentre outros aspectos, define suas competências como: recebimento do pedido de acesso e, sempre que possível, o fornecimento imediato da informação; registro do pedido de acesso em sistema eletrônico específico e a entrega de número do protocolo, que conterá a data de apresentação do pedido e encaminhamento do pedido recebido e registrado à unidade responsável pelo fornecimento da informação, quando couber.

Aplicação em concurso:

- *Pref. Maringá/PR/Procurador/2015 – PUC-PR*

  "O acesso a informações públicas será assegurado: mediante criação de serviço de informações ao cidadão, nos órgãos e entidades do poder público, em local com condições apropriadas para:

  A) atender e orientar o público quanto ao acesso a informações;

  B) informar sobre a tramitação de documentos nas suas respectivas unidades;

C) protocolizar documentos e requerimentos de acesso a informações; e também por intermédio da realização de audiências ou consultas públicas, incentivo à participação popular ou a outras formas de divulgação."

Obs.: afirmativa correta e em consonância com o art. 9º, I e II, da LAI.

- *MTUR/Analista/2014 – ESAF*

  "O acesso a informações públicas será assegurado mediante a criação de serviço de informações ao cidadão, em local com condições apropriadas para atender e orientar o público quanto ao acesso a informações."

  Obs.: assertiva correta e em sintonia com o art. 9º, I, da LAI.

II – realização de audiências ou consultas públicas, incentivo à participação popular ou a outras formas de divulgação.

1. Audiências ou consultas públicas

Da mesma forma que o legislador determina que sejam criados "serviços de informações ao cidadão", estabelece, identicamente, que sejam realizadas audiências ou consultas públicas, promovendo a participação popular e implantando a cultura da transparência na sociedade.

Aplicação em concurso:

- *SAAE de Barra Bonita – SP/Procurador Jurídico/2017 – Instituto Excelência*

  "De acordo com a Lei 12.527, de 18 de novembro de 2011 podemos dizer que o acesso à informações públicas será assegurada mediante:

  A) Realização de audiências ou consultas públicas, incentivo à participação popular ou a outras formas de divulgação."

  Obs.: afirmativa correta (art. 9º, II, da LAI).

CAPÍTULO III
DO PROCEDIMENTO DE ACESSO À INFORMAÇÃO

Seção I
Do Pedido de Acesso

Art. 10. Qualquer interessado poderá apresentar pedido de acesso a informações aos órgãos e entidades referidos no art. 1º desta Lei, por qualquer meio legítimo, devendo o pedido conter a identificação do requerente e a especificação da informação requerida.

1. Procedimento administrativo para acesso à informação

O art. 10 da LAI inaugura o cap. III (arts. 10 *usque* 14), que trata de todo o procedimento administrativo a ser observado pelo interessado em obter informações produzidas ou custeadas pelos órgãos e entidades mencionados nos artigos 1º e 2º da Lei.

Em tal comando, o legislador ordinário positiva a consagrada "Transparência Passiva", que se traduz no direito de qualquer pessoa solicitar informações do poder público; direito este, estribado na *Lex Mater*[29].

Nota-se que a *mens legis* foi a de conferir maior amplitude possível a tal dispositivo, não restringindo o direito de pedido de acesso aos cidadãos brasileiros ou a estrangeiros aqui residentes, mas sim garanti-lo a todos aqueles que tenham interesse.

Mas o que significa "ter interesse"? A doutrina diverge quanto ao alcance da expressão. Interpretando tal dispositivo à luz da Lei Maior, chegaremos à seguinte conclusão: que o interesse do requerente deve estar ligado ao rol de interesses protegidos e capitulados no art. 5 º, XXXIII, da CF/88, a saber: interesse coletivo, geral ou particular.

Com isso, por mais que o solicitante não tenha que motivar seu pedido de acesso, conforme disposto no art. 10, § 1º, da LAI, a inclusão da expressão "interessado" no *caput* do dispositivo ora em comento, tem por condão evitar pedidos de acesso que busquem contentar a simples "curiosidade humana". Tanto é assim que o art. 13, II, do Decreto nº 7724/12[30], estabelece que não serão atendidos pedidos de acesso à informação desproporcionais ou desarrazoados.

► **Atenção:** as questões que versam sobre o *caput do* art. 10 da LAI ora afirmarão que o indivíduo não tem direito ao acesso (o que geralmente é incorreto), ora afirmarão corretamente que a pessoa tem direito ao acesso.

Aplicação em concurso:

- *PC-MS Delegado de Polícia/2017 – FAPEMS*

  "Acerca do Princípio da Publicidade e da Lei de Acesso à Informação (Lei n° 12.527/2011), assinale a alternativa correta.

29. Art. 5º, XXXIII, da CF/88: "todos têm direito a receber dos órgãos públicos informações de seu interesse particular, ou de interesse coletivo ou geral, que serão prestadas no prazo da lei, sob pena de responsabilidade, ressalvadas aquelas cujo sigilo seja imprescindível à segurança da sociedade e do Estado."
30. Regulamenta a Lei n° 12.527, de 18 de novembro de 2011, que dispõe sobre o acesso a informações previsto no inciso XXXIII do caput do art. 5°, no inciso II do § 3° do art. 37, e no § 2° do art. 216 da Constituição.

A) Somente a pessoa diretamente interessada poderá apresentar pedido de acesso às informações por qualquer meio legítimo, sendo que os órgãos e as entidades do poder público devem viabilizar alternativa de encaminhamento de pedidos de acesso por meio de seus sítios oficiais na internet;"

Obs.: tal afirmativa é incorreta, pois qualquer pessoa direta ou indiretamente interessada poderá apresentar pedido de acesso a informações aos órgãos e entidades referidos nos arts. 1ºe 2º. Além disso, aqui vale também aquela vetusta máxima: "sendo o direito uma ciência humana e não exata, nada será absoluto e geralmente expressões taxativas, tornarão a assertiva inverídica".

- *UFRJ/Contra – Mestre Ofício – Geral/2016- UFRJ*

"Renato, na qualidade de cidadão, solicitou à UFRJ acesso às informações de determinado projeto de pesquisa e desenvolvimento tecnológico da Universidade, alegando em seu pedido o direito de acesso à informação, com base no artigo 5º, inciso XXXIII, da Constituição Federal e conforme a Lei nº 12.527/11 (LAI). Entretanto, a Universidade recusou o pedido, alegando que o sigilo do projeto era imprescindível à segurança da sociedade e do Estado. Analisando a presente questão, é correto afirmar que:

D) A UFRJ tem razão na recusa, pois falta interesse particular por parte de Renato."

Obs.: tal assertiva é falsa, pois o "interesse particular" na informação é irrelevante para fins de acesso. Como já dito, qualquer pessoa direta ou indiretamente interessada tem legitimidade para fazer o pedido. E não se esqueçam que, seguindo os preceitos constitucionais, o interesse do requerente pode ser coletivo ou geral, e não apenas particular (art. 5 º, XXXIII, da CF/88).

- *Câmara de Salvador – BA/Analista Legislativo Municipal/2018 – FGV*

"O pedido de acesso à informação, previsto na Lei nº 12.527/2011, conceituado como de transparência passiva, tem como característica determinante que:

A) qualquer interessado poderá apresentar pedido de acesso a informações aos órgãos e entidades públicos, por qualquer meio legítimo."

Obs.: a afirmação está corretíssima, pois corresponde à literalidade do art. 10, caput, da LAI.

Observação: o dispositivo em questão é muito recorrente em certames. Já foi questionado nos mais diferentes concursos públicos. Como exemplo, temos:

- *UNIFESP/Técnico em Segurança do Trabalho/2016 – VUNESP;*
- *SEFAZ-PE /Julgador Administrativo Tributário Tesouro Estadual /2015 – FCC;*

- *CNMP/Analista – Direito/2015 – FCC;*
- *TCU/Auditor Federal de Controle Externo /2015 -CESPE;*
- *Prefeitura de São Paulo – SP/ Auditor de Controle Interno/2015 – VUNESP;*
- *Prefeitura de Maringá – PR/Procurador/2015 – PUC – PR;*
- *Etc.*

§ 1º Para o acesso a informações de interesse público, **a identificação do requerente não pode conter exigências que inviabilizem a solicitação.**

1. Identificação do requerente

Qualquer pessoa interessada poderá realizar o pedido de acesso a informações, onde, de acordo com a própria lei, tal pedido deverá conter a identificação do requerente e a especificação da informação solicitada.

Consoante art. 12 do Decreto nº 7724/12, o pedido de acesso à informação deverá conter o nome do requerente, o número de documento de identificação válido, a especificação, de forma clara e precisa, da informação requerida, e o endereço físico ou eletrônico do requerente, para recebimento de comunicações ou da informação requerida. Tais exigências supracitadas visam garantir a recuperação da informação solicitada, além de possibilitar a comunicação com o interessado.

Por derradeiro, verifica-se que o próprio legislador procurou coibir exigências desarrazoadas e desproporcionais; isto é, impedir que meros "caprichos" do Poder Público pudessem, de alguma forma, "obstaculizar" o acesso às informações pretendidas.

Atenção: na grande maioria das vezes, para não dizer "quase sempre", nas questões que tratam do parágrafo *1° do* art. 10 da LAI, o examinador segue o famoso padrão *"Ctrl+C, Ctrl+V"*; ou seja, as assertivas são extraídas do texto legal.

Aplicação em concurso:

- *UFSM/Engenheiro civil /2017 – UFSM*

  "A Lei nº 12.527/2011 dispõe sobre os procedimentos a serem observados pela União, Estados, Distrito Federal e Municípios, com o fim de garantir o acesso a informações conforme previsto na Constituição Federal de 1988.

  A partir dos preceitos da referida legislação, assinale a alternativa INCORRETA.

B) Para o acesso a informações de interesse público, a identificação do requerente não pode conter exigências que inviabilizem a solicitação."

Obs.: a afirmação correta e em plena sintonia com o disposto no artigo 10, §1º, da LAI.

► **Observação:** o art. 1º, § 1º, já foi questionado em vários concursos. Como exemplo, temos:

- *SAP-SP/Analista Administrativo /2018 – MS CONCURSOS;*
- *Câmara de Sumaré – SP Procurador Jurídico /2017 – VUNESP;*
- *Prefeitura de Rio Branco – AC /Administrador /2016 – IBADE;*
- *Etc.*

§ 2º Os órgãos e entidades do poder público devem **viabilizar alternativa de encaminhamento** de pedidos de acesso por meio de seus **sítios oficiais na internet.**

1. Pedidos de acesso pela internet

Em harmonia com uma sociedade cada vez mais digital, e buscando concretizar uma de suas diretrizes – utilização de meios de comunicação viabilizados pela tecnologia da informação (art. 3º, III, da Lei nº 12.527/11) –, a LAI estabelece de forma clara que a Administração Pública, além dos meios físicos tradicionais, deverá viabilizar alternativa de encaminhamento de pedidos de acesso por meio de seus sítios oficiais na internet.

Nessa mesma toada, e como já mencionado anteriormente, o legislador ordinário determinou que os órgãos e entidades públicas devam utilizar todos os meios e instrumentos legítimos à disposição, sendo obrigatória a criação de sítios oficiais na rede mundial de computadores (art. 8º, § 2 º, da LAI), com exceção dos Municípios com população de até 10.000 (dez mil) habitantes, conforme disposto no art. 8º, § 3 º, da LAI.

Tais "portais públicos virtuais", além de darem efetividade à transparência ativa – dever de fornecer informações sem solicitações-, do mesmo modo, são instrumentos idôneos para que, com um simples "clicar", o administrado, de onde quer que esteja, efetue o pedido de acesso às informações (Transparência Passiva).

► **Atenção:** mais uma vez o examinador traz questões com base na literalidade da norma.

Aplicação em concurso:

- *UFSM/Assistente em Administração /2018 – FAPEC*

  "Segundo o procedimento de acesso à informação previsto na Lei de Acesso à Informação (Lei nº 12.52711), assinale a alternativa correta:

  C) os órgãos e entidades do poder público estão proibidos de viabilizar alternativa de encaminhamento de pedidos de acesso por meio de seus sítios oficiais na internet."

  Obs.: afirmação incorreta! O examinador de forma "muito criativa", apenas acrescentou um indevido "não" na assertiva.

Observação: o art. 1º, § 2º, já foi questionado em vários certames. Como exemplo, temos:

- *SAP-SP/Analista Administrativo/2018 – MS CONCURSOS;*
- *UFMS/Assistente em Administração/2018 – FAPEC;*
- *CGE-RO/Auditor de Controle Interno/2018 – FUNRIO;*
- *CFO-DF/Técnico Administrativo/2017 – Quadrix;*
- *Prefeitura de Poá – SP/Procurador Jurídico/2014 – VUNESP;*
- *ILSL/Auxiliar de Saúde/2013 – IBFC;*
- *FBN/Assistente Administrativo/2013 – FGV;*
- *Receita Federal/Analista Tributário/ 2012 – ESAF;*
- *Etc.*

§ 3º **São vedadas** quaisquer **exigências relativas aos motivos determinantes da solicitação** de informações de interesse público

1. Desnecessidade de motivação do pedido de acesso

Da leitura do disposto no art. 10, § 3 º, da LAI, depreende-se que o legislador buscou evitar que a Administração Pública queira saber o porquê do acesso, os fundamentos que ensejaram o pedido. Nesse cenário, da mesma forma que são vedadas exigências quanto à identificação do requerente que inviabilizem a solicitação, similarmente são vedadas exigências quanto à motivação por parte do interessado.

Alguns doutrinadores sustentam que essa "desnecessidade de motivação" não seria absoluta, isto é, que o pedido de acesso estaria condicionado à demonstração, por parte do requerente, de que seu interesse estaria ligado ao catálogo de interesses protegidos e elencados no art. 5 º, XXXIII, da CF/88:

> "todos têm direito a receber dos órgãos públicos informações de seu interesse particular, ou de interesse coletivo ou geral".

▶ **Atenção:** Em provas objetivas, aconselha-se que o candidato siga o que a norma prescreve, isto é, que a Administração Pública não pode exigir a motivação do pedido por parte do administrado.

Aplicação em concurso:

- *MPE-RO/Promotor de Justiça/2017 – FMP Concursos*

  "Indique qual das alternativas abaixo NÃO se coaduna com o modelo constitucional-administrativo vigente no Brasil relativamente à publicidade e à transparência das informações de natureza pública, de interesse coletivo ou geral.

  D) São vedadas quaisquer exigências relativas aos motivos determinantes da solicitação de informações de interesse público."

  Obs.: afirmação correta e de acordo com art. 10, § 3 º, da LAI. Mais uma vez o examinador seguindo o padrão "copia e cola", o que tem se revelado uma tendência nas questões sobre a LAI, não importando o cargo ou banca.

- *Câmara de Cotia – SP/Procurador Legislativo/2017 – VUNESP*

  "Considere o seguinte caso hipotético: A Câmara Municipal de Cotia recebe pedido de informações, assinado por Cidadão, com fundamento na Lei Federal n° 12.527/11, sobre contrato que a Casa possui, que tem por objeto a locação de veículos. O Cidadão solicita que lhe sejam informados: o nome e o CNPJ da empresa contratada, o valor do contrato e o respectivo prazo de vigência. O pedido foi feito por formulário eletrônico, constante da página de internet da Câmara Municipal, sendo que o Cidadão preencheu todos os seus dados de qualificação – nome completo, documento, endereço e e-mail – mas não preencheu um campo em que se indagava o motivo da solicitação. Em razão de o formulário ter sido entregue com este campo em branco, o Serviço de Informação ao Cidadão da Câmara Municipal rejeitou o pedido do Cidadão:

  E) incorreta, pois são vedadas quaisquer exigências relativas aos motivos determinantes da solicitação de informações de interesse público."

  Obs.: assertiva em plena consonância com art. 10, § 3 º, da LAI. Temos aqui uma questão raríssima. A grande (mas a grande mesmo) maioria das questões sobre esse ponto é extraída da lei "seca".

▶ **Observação:** outras provas que já cobraram o mesmo dispositivo:

- *UFTM/Tecnólogo – Química/2016 –* UFTM*;*
- *DPE-SC/Analista Técnico/2018 – FUNDATEC;*
- *Prefeitura de Natal – RN/Advogado/2016 – IDECAN;*
- *CGE-RO/Auditor de Controle Interno/2018 – FUNRIO;*
- *Etc.*

Art. 11. O órgão ou entidade pública deverá autorizar ou conceder o **acesso imediato à informação disponível.**

1. Acesso imediato às informações

Realizado o pedido de acesso pelo interessado e estando disponível a informação, a Administração Pública não poderá criar embaraços, devendo autorizar ou conceder o acesso imediato; caso contrário, estará o agente público desobedecendo ao seu vetor principal: a lei.

Ademais, condutas ilícitas perpetradas por agentes públicos, no exercício da função, podem acarretar a sua responsabilização concomitantemente em várias searas. Nesse sentido, estabelece o artigo 11, II, da Lei nº 8429/92 (Lei de Improbidade Administrativa):

> "Art. 11. Constitui ato de improbidade administrativa que atenta contra os princípios da administração pública qualquer ação ou omissão que viole os deveres de honestidade, imparcialidade, legalidade, e lealdade às instituições
>
> [...]
>
> II – retardar ou deixar de praticar, indevidamente, ato de ofício."

Oportuno ressaltar que aquele que for condenado por ato de improbidade dessa estirpe, estará sujeito às seguintes sanções: ressarcimento integral do dano se houver, perda da função pública, suspensão dos direitos políticos de três a cinco anos, pagamento de multa civil de até cem vezes o valor da remuneração percebida pelo agente, e proibição de contratar com o Poder Público ou receber benefícios ou incentivos fiscais ou creditícios, direta ou indiretamente, ainda que por intermédio de pessoa jurídica da qual seja sócio majoritário, pelo prazo de três anos (art. 12, III, da Lei nº 8429).

Destaca-se que, do mesmo modo, se a eventual negativa do agente público em fornecer a informação for motivada por sentimento ou interesse pessoal, haverá repercussão na esfera penal, podendo o mesmo responder pelo crime de prevaricação (art. 319 do CP)[31].

---

31. Prevaricação (Art. 319 do Código Penal): "retardar ou deixar de praticar, indevidamente, ato de ofício, ou praticá-lo contra disposição expressa de lei, para satisfazer interesse ou sentimento pessoal: Pena – detenção, de três meses a um ano, e multa".

E, por fim, não podemos esquecer de que a arbitrária negativa de acesso à informação por parte do servidor poderá ensejar, ainda, sua responsabilização no campo administrativo-disciplinar perante a própria Administração Pública e, nesse sentido, temos o art. 124 do Regime Jurídico dos Servidores Públicos Federais (Lei nº 8112/90):

> "A responsabilidade civil-administrativa resulta de ato omissivo ou comissivo praticado no desempenho do cargo ou função".

Aplicação em concurso:

- *TCE-PB/Auditor de Contas Públicas /2018 – CESPE*

  "No que se refere ao acesso a informações, assinale a opção correta conforme a Lei nº 12.527/2011:

  B) O órgão deve conceder acesso à informação disponível em até quinze dias."

  Obs.: a afirmativa está errada. Consoante o previsto no art. 11, caput, da LAI, o acesso deve ser garantido imediatamente.

- *SAP-SP Agente de Segurança Penitenciária /2013 – VUNESP*

  "A Lei Federal nº 12.527/11 dispõe sobre os procedimentos a serem observados pela União, Estados, Distrito Federal e Municípios, com o fim de garantir o acesso a informações previsto na Constituição Federal. Nesse sentido, o órgão ou entidade pública deverá autorizar ou conceder o acesso à informação disponível

  A) de imediato."

  Obs.: a afirmativa está correta (art. 11, caput, da LAI).

§ 1° Não sendo possível conceder o acesso imediato, na forma disposta no caput, o órgão ou entidade que receber o pedido deverá, **em prazo não superior a 20 (vinte) dias:**

I - comunicar a data, local e modo para se realizar a consulta, efetuar a reprodução ou obter a certidão;

II - indicar as razões de fato ou de direito da recusa, total ou parcial, do acesso pretendido; ou

III - comunicar que não possui a informação, indicar, se for do seu conhecimento, o órgão ou a entidade que a detém, ou, ainda, remeter o requerimento a esse órgão ou entidade, cientificando o interessado da remessa de seu pedido de informação.

1. Impossibilidade de acesso imediato às informações

Nem sempre as informações requeridas estarão disponíveis para seu acesso imediato por parte do solicitante. Nesse caso, o legislador faculta ao órgão ou entidade que, no prazo de 20 dias, adote uma das seguintes medidas: comunique a data, local e modo para realizar a consulta, efetuar a reprodução ou obter a certidão, indique as razões de fato ou de direito da recusa, total ou parcial, do acesso pretendido ou comunique que não possui a informação, indicando, se for do seu conhecimento, o órgão ou a entidade que a detém, ou, ainda, remeta o requerimento a esse órgão ou entidade, cientificando o interessado da remessa de seu pedido de informação.

E qual seria o termo inicial do prazo para que a Administração tomasse as providências? Na esfera federal, quem nos responde a essa indagação é o art. 66 do Decreto nº 7.724/2012:

> "Art. 66. Os prazos começam a correr a partir da data da cientificação oficial, excluindo-se da contagem o dia do começo e incluindo-se o do vencimento.
>
> § 1º Considera-se prorrogado o prazo até o primeiro dia útil seguinte se o vencimento cair em dia em que não houver expediente ou este for encerrado antes da hora normal.
>
> § 2º Os prazos expressos em dias contam-se de modo contínuo".

▶ **Atenção:** é fundamental que o candidato tenha na "ponta da língua" as três medidas possíveis por parte da Administração Pública no caso de impossibilidade de acesso imediato, bem como o prazo para tanto e sua possibilidade de prorrogação.

Aplicação em concurso:

- *DPE-SC/Analista Técnico/2018 – FUNDATEC*

  "Sobre a Lei de Acesso à Informação (Lei nº 12.527/2011), assinale a alternativa INCORRETA.

  E) O órgão ou entidade pública deverá autorizar ou conceder o acesso imediato à informação disponível. Não sendo possível permitir o acesso imediato, o órgão ou entidade que receber o pedido deverá, em prazo não superior a vinte dias, comunicar a data, local e modo para se realizar a consulta, efetuar a reprodução ou obter a certidão; indicar as razões de fato ou de direito da recusa, total ou parcial, do acesso pretendido; ou comunicar que não possui a informação, indicar, se for do seu conhecimento, o órgão ou a entidade que a detém, ou, ainda, remeter o requerimento a esse órgão ou entidade, cientificando o interessado da remessa de seu pedido de informação. O prazo referido poderá ser prorrogado por mais dez dias, mediante justificativa expressa, da qual será cientificado o requerente."

Obs.: questão correta! Nela, o examinador trouxe exatamente as três medidas possíveis de serem adotadas pela Administração Pública no caso de impossibilidade de acesso imediato à informação (art. 11, § 1º, da LAI).

§ 2° O prazo referido no § 1° poderá ser prorrogado por mais 10 (dez) dias, mediante justificativa expressa, da qual será cientificado o requerente.

1. Possibilidade de dilação do prazo

Atento às peculiaridades de cada gestão pública, autorizou o legislador a prorrogação do prazo mencionado no § 1º do art. 11 por mais 10 dias, mediante justificativa expressa do agente público.

Aplicação em concurso:

- *Câmara de Suzano – SP/Assistente Jurídico – Advocacia/2016 – INTEGRI*

"Com relação as normas que visam garantir o acesso a informação previsto na Constituição da República, está correto afirmar:

C) Não sendo possível conceder o acesso imediato a informação requerida, na forma disposta em lei, o órgão ou entidade que receber o pedido deverá, em prazo não superior a 30 (trinta) dias: comunicar a data, local e modo para se realizar a consulta, efetuar a reprodução ou obter a certidão; indicar as razões de fato ou de direito da recusa, total ou parcial, do acesso pretendido; ou comunicar que não possui a informação, indicar, se for do seu conhecimento, o órgão ou a entidade que a detém, ou, ainda, remeter o requerimento a esse órgão ou entidade, cientificando o interessado da remessa de seu pedido de informação."

Obs.: questão ardilosa! Aparentemente correta e de acordo com a LAI, mas na verdade, trata-se de assertiva falsa. Ordinariamente, o prazo para que sejam adotadas as medidas por parte do Poder Público, no caso de impossibilidade de acesso imediato à informação é de 20 dias (e não de trinta dias). Excepcionalmente, tal prazo poderá ser prorrogado por mais 10 dias, mediante justificativa expressa (art. 11, § 2º, da LAI).

§ 3º Sem prejuízo da segurança e da proteção das informações e do cumprimento da legislação aplicável, **o órgão ou entidade poderá oferecer meios para que o próprio requerente possa pesquisar a informação de que necessitar.**

1. Possibilidade de pesquisa da informação pelo próprio solicitante

Para viabilizar mais eficiência na busca e no acesso a informações, por parte dos administrados, o legislador facultou ao Poder Público a possibilidade de fornecer meios para que o próprio interessado realize a pesquisa dos dados desejados sem, contudo, colocar em risco a segurança e a proteção de informações.

Desta forma, o particular, além de realizar a solicitação da informação, poderia, conjuntamente, efetuar a pesquisa, demandando uma menor atuação estatal, com a consequente facilitação do acesso para o interessado e a redução de custos para a Administração Pública; atuando assim, em conformidade com os preceitos do Princípio Constitucional da Eficiência.

Atenção: tal dispositivo é pouco explorado pelas bancas.

Aplicação em concurso:

- *SAMAE de Caxias do Sul – RS/Assistente/2017 – OBJETIVA*

  "Em conformidade com a Lei nº 12.527/2011, que regula o acesso a informações, marcar C para as afirmativas Certas, E para as Erradas e, após, assinalar a alternativa que apresenta a sequência CORRETA:

  ( ) Sem prejuízo da segurança e da proteção das informações e do cumprimento da legislação aplicável, o órgão ou entidade poderá oferecer meios para que o próprio requerente possa pesquisar a informação de que necessitar."

  Obs.: questão correta (art. 11, § 3º, da LAI).

§ 4º Quando **não for autorizado o acesso por se tratar de informação total ou parcialmente sigilosa**, o requerente deverá ser **informado sobre a possibilidade de recurso**, prazos e condições para sua interposição, devendo, ainda, ser-lhe indicada a **autoridade competente para sua apreciação**.

1. Direito à informação e a negativa de acesso

Conforme já mencionado, em algumas hipóteses, e desde calcada em lei, a Administração Pública, na busca pela proteção de interesses maiores, como a segurança da sociedade ou do Estado, poderá classificar a informação como sigilosa (arts. 23 e 24 da LAI) e indeferir, total ou parcialmente, o pedido de acesso.

Inobstante tal prerrogativa estatal, o legislador determina que o Poder Público, em caso de negativa do acesso, oriente o requerente sobre a possibilidade de recurso, prazos e condições para sua interposição, bem como sobre o agente público competente para sua apreciação.

Aplicação em concurso:

- *PC-AC/Delegado de Polícia/2017 – IBADE*

  "Quanto à Lei de Acesso à Informação (lei nº 12.527/2011), assinale a alternativa correta.

  D) Quando não for autorizado o acesso por se tratar de informação total ou parcialmente sigilosa, o requerente deverá ser informado sobre a possibilidade de recurso, prazos e condições para sua interposição, devendo, ainda, ser-lhe indicada a autoridade competente para sua apreciação."

  Obs.: questão correta. Mais uma vez, temos o examinador exigindo o texto de lei (art. 11, § 4º, da LAI).

Observação: outras provas que já cobraram o mesmo dispositivo:

- *SAMAE de Caxias do Sul – RS/Assistente/2017 – OBJETIVA;*
- *Receita Federal/Analista Tributário da Receita Federal/2012 – ESAF;*
- *Etc.*

§ 5º A **informação armazenada em formato digital será fornecida nesse formato**, caso haja anuência do requerente.

1. Informação armazenada em formato digital

Totalmente integrado com a nova realidade digital, o legislador ordinário determina que, havendo a concordância do requerente e estando a informação armazenada em formato digital, será ela fornecida nesse formato. Tal exigência, além de impactar fortemente na redução de custos para o Estado, traz, da mesma forma, inúmeros benefícios ao meio ambiente.

Aplicação em concurso:

- *Prefeitura de Terra de Areia – RS/Agente Administrativo/2016 – OBJETIVA*

  "Em conformidade com a Lei nº 12.527/11, que regula o acesso a informações, analisar a sentença abaixo: A informação armazenada em formato digital será fornecida nesse formato, caso haja anuência do requerente (1ª parte)."

  Obs.: questão correta (art. 11, § 5º, da LAI).

§ 6º Caso a informação solicitada esteja disponível ao público em formato impresso, eletrônico ou em qualquer outro meio de acesso universal, serão informados ao requerente, por escrito, o lugar e a forma pela qual se poderá consultar, obter ou reproduzir a referida informação, procedimento esse que desonerará o órgão ou entidade pública da obrigação de seu fornecimento direto, salvo se o requerente declarar não dispor de meios para realizar por si mesmo tais procedimentos.

1. Informação disponível em qualquer meio de acesso universal

Estabelece ainda o legislador que estando a informação solicitada disponível em qualquer meio público de acesso, internet, imprensa oficial, murais de repartições públicas etc., deverá por escrito ser informado ao interessado o lugar, bem como a forma pela qual poderá ter acesso à informação: consulta, obtenção ou reprodução.

Obedecendo tal procedimento, estará a Administração Pública desobrigada a fornecer diretamente a informação a todos os que a pretendam, exceto se, por algum motivo, inobstante tais meios de acesso disponíveis, o requerente declarar que não dispõe de condições para realizar por si mesmo o acesso.

Aplicação em concurso:

- *SAP-SP/Analista Administrativo/2018 – MS CONCURSOS*

  "À luz da Lei Federal n° 12.527, de 18 de novembro de 2011 à próxima questão. Ainda sobre o pedido de acesso à informação, julgue as afirmativas com C (certo) ou E (errado) e assinale a alternativa correta.

  ( )Caso a informação solicitada esteja disponível ao público em formato impresso, eletrônico ou em qualquer outro meio de acesso universal, serão informados ao requerente, por escrito, o lugar e a forma pela qual se poderá consultar, obter ou reproduzir a referida informação, procedimento esse que desonerará o órgão ou entidade pública da obrigação de seu fornecimento direto, salvo se o requerente declarar não dispor de meios para realizar por si mesmo tais procedimentos."

  Obs.: questão correta. Literalidade do art. 11, § 6º, da LAI.

Observação: outras provas que já cobraram o mesmo dispositivo:

- *IF-PE/Arquivista/2017 – IF-PE;*
- *PC-AC/Delegado de Polícia/2017 – IBADE;*
- *Prefeitura de Rio Branco – AC/Administrador/2016 – IBADE;*

- *PRODEST-ES – AC/Assistente Organizacional/2014 – VUNESP;*
- *PRODEST-ES – AC/Assistente de Tecnologia da Informação/2014 – VUNESP;*
- *Receita Federal/Auditor Fiscal da Receita Federal/2014 – ESAF;*
- *Etc.*

Art. 12. O serviço de busca e fornecimento da informação é gratuito, salvo nas hipóteses de reprodução de documentos pelo órgão ou entidade pública consultada, situação em que poderá ser **cobrado exclusivamente o valor necessário ao ressarcimento do custo dos serviços e dos materiais utilizados.**

1. Gratuidade do acesso

Estabeleceu o legislador que o interessado não custeará o serviço de busca à informação e, muito menos, a informação propriamente dita. Desta forma, evitou que a falta de recursos financeiros fosse um entrave para tal acesso.

Nesse mesmo sentido, não podemos esquecer que é gratuito o exercício dos consagrados "direitos fundamentais de petição e de certidão" assegurados independentemente do pagamento de taxas, conforme estabelecido no art. 5º, XXXIV, da CF/88:

> "são a todos assegurados, independentemente do pagamento de taxas:
>
> a) o direito de petição aos Poderes Públicos em defesa de direitos ou contra ilegalidade ou abuso de poder;
>
> b) a obtenção de certidões em repartições públicas, para defesa de direitos e esclarecimento de situações de interesse pessoal".

▶ **Atenção:** o art. 12 da LAI é um dos dispositivos mais cobrados da seção I do cap. II.

Aplicação em concurso:

- *IF-GO/Jornalista/2018 – IF-GO*

  "A Lei nº 12.527/2011 regulamenta o direito constitucional de acesso às informações públicas. Essa norma entrou em vigor em 16 de maio de 2012 e criou mecanismos que possibilitam, a qualquer pessoa, física ou jurídica, sem necessidade de apresentar motivo, o recebimento de informações públicas dos órgãos e entidades. A Lei vale para os três Poderes da União, Estados, Distrito Federal e Municípios, inclusive aos Tribunais de Conta e Ministério Público. Disponível em: <http://www.acessoainformacao.gov.br/assuntos/conheca-seu-direito/a-lei-de-acesso-a-informacao>. Acesso em 15 de maio de 2018. Sobre a Lei de Acesso à Informação (LAI) e sua aplicabilidade, é CORRETO afirmar:

C) O fornecimento de informações deve ser gratuito, salvo custo de reprodução."

Obs.: alternativa correta (art. 12, caput, da LAI).

- *Câmara Municipal de Poá – SP/Oficial Legislativo/2016 – VUNESP*

"A Lei n° 12.527/11 prevê vários procedimentos de acesso à informação, dentre eles, podendo-se afirmar como correto que

E) o serviço de busca e fornecimento da informação é oneroso, para todos os tipos de informações."

Obs.: assertiva incorreta. O serviço de busca e fornecimento da informação é gratuito, salvo nas hipóteses de reprodução de documentos pelo órgão ou entidade pública consultada (art. 12, caput, da LAI).

2. Possibilidade de cobrança do valor necessário ao ressarcimento do custo dos serviços e dos materiais utilizados

Sendo necessária a realização de cópias de documentos, poderá a Administração Pública cobrar somente o montante necessário ao ressarcimento do custo dos serviços de reprodução e de eventuais materiais utilizados.

Aplicação em concurso:

- *SAP-SP/Analista Administrativo/2018 – MS CONCURSOS*

"À luz da Lei Federal n° 12.527, de 18 de novembro de 2011 à próxima questão. Ainda sobre o pedido de acesso à informação, julgue as afirmativas com C (certo) ou E (errado) e assinale a alternativa correta.

( ) O serviço de busca e fornecimento da informação sempre será gratuito."

Obs.: afirmação incorreta. Mais uma vez a banca, por meio de uma expressão exaustiva, torna a afirmação falsa. Sabemos que nem "sempre" ocorrerá a gratuidade do acesso; onde, excepcionalmente, poderá ser cobrado o valor necessário ao ressarcimento do custo dos serviços e dos materiais utilizados (art. 12, caput, da LAI).

- *UFRPE/Técnico de Contabilidade/2018 – SUGEP – UFRPE*

"De acordo com a Lei n° 12.527/2011 – Lei de Acesso à Informação – assinale a alternativa correta.

A) Essa Lei prevê o fornecimento gratuito de informação, ficando proibida qualquer cobrança pelo custo dos serviços e dos materiais utilizados."

Obs.: assertiva incorreta. A questão começa bem quando afirma corretamente que o acesso é gratuito. Mas a parte final a torna falsa, visto que poderá ser cobrado exclusivamente o valor necessário ao ressarcimento do custo dos serviços e dos materiais utilizados. A expressão taxativa "qualquer" torna a afirmação inverídica. (art. 12, caput, da LAI).

- *STF/Analista Judiciário – Área Administrativa/2013 – CESPE*

  "Oscar, ex-servidor do STF, requereu ao STF cópia de alguns documentos relacionados ao seu vínculo de trabalho com aquele tribunal. Nessa situação, o tribunal poderá cobrar o valor necessário ao ressarcimento do custo dos serviços e dos materiais utilizados, sem que tal cobrança descaracterize a gratuidade do serviço de busca e fornecimento da informação."

  Obs.: afirmação correta (art. 12, caput, da LAI).

Parágrafo único. Estará isento de ressarcir os custos previstos no caput todo aquele cuja situação econômica não lhe permita fazê-lo sem prejuízo do sustento próprio ou da família, declarada nos termos da Lei nº 7.115, de 29 de agosto de 1983.

1. Isenção de custo dos serviços e dos materiais utilizados em razão da situação econômica do requerente

O legislador, buscando assegurar o pleno acesso a informações, estabeleceu que, mesmo em relação aos custos dos serviços de reprodução e materiais utilizados, estará isento de ressarcir de tais despesas aquele cuja situação econômica não lhe permita fazê-lo sem prejuízo do sustento próprio ou da família, nos termos da Lei nº 7.115/83.

Complementando tal previsão legal, temos o p. ú. do art. 18 do Decreto nº 7724/12 que é claro ao dispor:

> "A reprodução de documentos ocorrerá no prazo de dez dias, contado da comprovação do pagamento pelo requerente ou da entrega de declaração de pobreza por ele firmada, nos termos da Lei nº 7.115, de 1983, ressalvadas hipóteses justificadas em que, devido ao volume ou ao estado dos documentos, a reprodução demande prazo superior".

Aplicação em concurso:

- *ANVISA/Especialista em Regulação – Vigilância Sanitária/2013 – CETRO*

  "Com base na Lei nº 12.527/2011, que regula o acesso a informações prestadas por órgãos públicos, marque V para verdadeiro ou F para falso e, em seguida, assinale a alternativa que apresenta a sequência correta.

( )Havendo reprodução de documentos pelo órgão ou entidade pública consultada, pode-se cobrar exclusivamente o valor necessário ao ressarcimento do custo dos serviços e dos materiais utilizados, ficando isento de ressarcir esses custos aquele cuja situação econômica não lhe permita fazê-lo sem prejuízo de seu sustento."

Obs.: afirmação correta (art. 12, p. ú, da LAI).

- *SEFAZ-RS/Técnico Tributário da Receita Estadual/2018 – CESPE*

"Com relação ao cumprimento da Lei de Acesso à Informação no Brasil, segundo levantamento da Transparência Brasil, há casos em que é impossível até mesmo enviar o pedido de informação. Entidades vinculadas à ONG fizeram 212 pedidos para órgãos federais, estaduais e municipais, dos três Poderes, e apenas 25% deles foram atendidos ou parcialmente atendidos. Em 56% dos casos, não houve resposta e, em 19% deles, os pedidos foram negados. Marina Estarque. Brasil não pune servidores públicos que descumprem lei de acesso à informação. Internet: <https://knightcenter.utexas.edu> (com adaptações). A respeito dos procedimentos e das restrições de acesso à informação, assinale a opção correta à luz da Lei nº 12.527/2011.

E) O serviço de busca e fornecimento da informação será sempre cobrado do requerente em valor suficiente para o ressarcimento do custo dos serviços e dos materiais utilizados."

Obs.: afirmação falsa. Novamente temos o examinador utilizando uma expressão taxativa. Já verificamos que poderá ocorrer a isenção de custo dos serviços e dos materiais utilizados em razão da situação econômica do requerente (art. 12, p. ú, da LAI).

Observação: outras provas que já cobraram o art. 12 da LAI:

- *UFES/Assistente em Administração/2017 – UFES;*
- *Colégio Pedro II/Assistente em Administração/2017 – Colégio Pedro II;*
- *PC-MS/Delegado de Polícia/2017 – FAPEMS;*
- *UFSM/Engenheiro civil/2017 – UFSM;*
- *TCE-PR/Analista de Controle/2016 – CESPE;*
- *CRQ 18° Região – PI/Advogado/2016 – Quadrix;*
- *Prefeitura de Rio Branco – AC/Administrador/2016 – IBADE;*
- *Prefeitura de Paulínia – SP/Procurador/2016 – FGV;*
- *ANS/Técnico Administrativo/2016 – FUNCAB;*
- *Prefeitura de Rosana – SP/Procurador Municipal/2016 – VUNESP;*
- *MJ/Gerente de Projetos/2015 – FUNCAB;*
- *Etc.*

Art. 13. Quando se tratar de acesso à **informação contida em documento cuja manipulação possa prejudicar sua integridade**, deverá ser oferecida a **consulta de cópia**, com certificação de que esta confere com o original.

Parágrafo único. Na **impossibilidade de obtenção de cópias**, o interessado poderá solicitar que, a suas expensas e sob supervisão de servidor público, a **reprodução seja feita por outro meio que não ponha em risco a conservação do documento original.**

1. Manipulação de documentos X Manutenção da integridade

Em algumas situações, a manipulação direta do documento, por parte do interessado, poderá comprometer sua integridade – qualidade da informação não modificada, inclusive quanto à origem, trânsito e destino (art. 3º, IX, da LAI). Nesses casos, é fundamental que haja uma proteção especial que vise à incolumidade do documento e, assim, garanta sua preservação para futuras gerações. Como exemplo, podemos citar documentos históricos integrantes de um acervo de uma biblioteca pública.

Sendo assim, o legislador estabeleceu que, nessas situações, será oferecida apenas a cópia do documento para consulta, com a devida certificação de que esta confere com o original.

Aplicação em concurso:

- *PC-AC/Delegado de Polícia/2017 – IBADE*

  "Quanto à Lei de Acesso à Informação (Lei n° 12.527/2011), assinale a alternativa correta:

  A) Quando se tratar de acesso à informação contida em documento cuja manipulação possa prejudicar sua integridade, o pedido de acesso à informação deverá ser negado pela Administração Pública."

  Obs.: afirmação incorreta. Em se tratando de documento cuja manipulação possa prejudicar sua integridade, o pedido de acesso à informação não será negado pela Administração Pública e sim oportunizada a consulta de cópia, com certificação de que esta confere com o original. (art. 13, caput, da LAI).

- *Prefeitura de Balneário Camboriú – SC/Procurador Municipal/2015 – FEPESE*

  "É correto afirmar sobre a Lei da Transparência.

  D) Quando se tratar de acesso à informação contida em documento cuja manipulação possa prejudicar sua integridade, deverá ser oferecida a consulta de cópia, com certificação de que esta confere com o original."

  Obs.: assertiva correta (art. 13, caput, da LAI).

- *Faceli/Procurador/2015 – FUNCAB*

  "Consoante o disposto na Lei nº 12.527/2011, que disciplina o acesso à informação, é correto afirmar que:

  A) quando se tratar de acesso à informação contida em documento cuja manipulação possa prejudicar sua integridade, não poderá ser oferecida a consulta de cópia."

  Obs.: afirmação incorreta. O examinador simplesmente acrescentou de forma indevida a expressão "não" na assertiva (art. 13, caput, da LAI).

2. Impossibilidade de obtenção de cópias

Não sendo possível a obtenção de cópias, o solicitante poderá requerer que a reprodução seja feita por outro meio que não comprometa a conservação do documento original. Tal procedimento será supervisionado por agente público e eventuais custos ficarão a cargo do interessado.

Aplicação em concurso:

- *CONTER/Auxiliar Administrativo – CRTR/2017 – QUADRIX*

  "Conforme dispõe a Lei nº 12.527/11, o órgão ou entidade pública deverá autorizar ou conceder o acesso imediato à informação disponível. Analise as seguintes afirmativas sobre o tema.

  II. Quando se tratar de acesso à informação contida em documento cuja manipulação possa prejudicar sua integridade, deverá ser oferecida a consulta de cópia, com certificação de que esta confere com o original. Na impossibilidade de obtenção de cópias, o interessado poderá solicitar que, a suas expensas e sob supervisão de servidor público, a reprodução seja feita por outro meio que não ponha em risco a conservação do documento original."

  Obs.: a afirmação está correta (art. 13, p. ú., da LAI).

Observação: outras provas que já cobraram o art. 13 da LAI:

- *UFTM/Técnico em Anatomia e Necropsia/2018* – UFTM*;*
- *SAMAE de Caxias do Sul – RS/Assistente/2017 – OBJETIVA;*
- *UFSM/Engenheiro/Engenharia Sanitária e Ambiental/2018 – UFSM;*
- *ANS/Técnico Administrativo/2016 – FUNCAB;*
- *CRQ 18° Região – PI/Advogado/2016 – Quadrix;*
- *ANATEL/Especialista em Regulação – Mídia Digital/2014 – CESPE;*
- *Etc.*

Art. 14. É direito do requerente obter o inteiro teor de decisão de negativa de acesso, por certidão ou cópia.

1. Direito de obter o inteiro teor de decisão de negativa de acesso

Poderá excepcionalmente a Administração Pública negar o acesso a algumas informações, desde que legalmente protegidas pelo manto do sigilo, nos termos dos artigos 23 e 24 da LAI.

Nesses casos, é direito do requerente ter acesso aos motivos que ensejaram essa negativa, conforme os Princípios da Publicidade e Motivação, que deverão ser explicitados por órgãos ou entidades, em certidão ou cópia do documento que contenha as razões para o indeferimento.

Complementado tal comando legal, o art. 19 do Decreto nº 7.724/12, estabelece que, negado o pedido de acesso à informação, será enviada ao requerente, no prazo de resposta, comunicação contendo: as razões da negativa de acesso e seu fundamento legal, a possibilidade e prazo de recurso, com indicação da autoridade que o apreciará e a possibilidade de apresentação de pedido de desclassificação da informação, quando for o caso, com indicação da autoridade classificadora que o apreciará.

De acordo com tal regulamento, durante o processo de tomada de decisão, poderá ser negado o acesso a documento preparatório ou informação que a fundamente, sendo assegurando o acesso a partir da edição do ato ou decisão, conforme art. 20 de Decreto nº 7.724/12.

Aplicação em concurso:

- *Câmara de Belo Horizonte – MG/Arquivista/2018 – CONSULPLAN*

  "Art. 10. Qualquer interessado poderá apresentar pedido de acesso a informações aos órgãos e entidades referidos no art. 1º desta Lei, por qualquer meio legítimo, devendo o pedido conter a identificação do requerente e a especificação da informação requerida. (Lei n° 12.527, de 18 de novembro de 2011, regula o acesso a informações previsto no inciso XXXIII do art. 5º, no inciso II do § 3º do art. 37 e no § 2º do art. 216 da Constituição Federal.) Quanto aos procedimentos de acesso à informação previstos na Lei nº 12.527, de 18 de novembro de 2011, assinale a alternativa INCORRETA.

  B) O requerente tem o direito de obter o inteiro teor de decisão de negativa de acesso, por certidão ou cópia."

  Obs.: assertiva correta e nos exatos termos do art. 14, caput, da LAI.

- *Prefeitura de Rio Branco – AC/Nutricionista/2016 – IBADE*

  "Acerca da Lei de acesso à informação (Lei Federal nº 12.527/2011), assinale a assertiva correta.

E) É direito do requerente obter o inteiro teor de decisão de negativa de acesso, por certidão ou cópia, mediante pagamento de taxa simbólica, definida em lei."

Obs.: afirmação incorreta. A primeira parte da questão é verdadeira (art. 14, caput, da LAI), entretanto, a segunda parte é falsa, visto que o acesso é gratuito (art. 12, caput).

SEÇÃO II
DOS RECURSOS

Art. 15. No caso de **indeferimento de acesso a informações ou às razões da negativa do acesso,** poderá o interessado **interpor recurso contra a decisão no prazo de 10 (dez) dias a contar da sua ciência.**

1. O direito de recurso como corolário do Princípio da Ampla Defesa

O "Princípio da Ampla Defesa[32]", que tem assento constitucional no art. 5º, LV da CF/88, é assegurado em processos judiciais e em processos administrativos. Um de seus corolários, na via administrativa, é que decisão contestada será reapreciada por autoridade de hierarquia superior, traduzindo-se num verdadeiro "duplo grau de julgamento"[33]. Portanto, o interessado, ao ter seu pedido de acesso à informação negado ou for impedido de conhecer as razões da negativa do acesso, tem direito a interposição de recurso.

Oportuno ressaltar que os recursos administrativos representam uma das formas de controle da Administração Pública, onde o interessado a incentiva a rever seus atos praticados.

Ademais, os procedimentos e os prazos encontram-se previstos nos artigos 15 a 20 da LAI.

Aplicação em concurso:

- *Pref. Osasco/Analista/2014 – FGV*

"A empresa "KWE", fundamentando seu pedido na Lei de Acesso à Informação (Lei Federal nº 12.527/11), solicitou a informação de quantos

32. Art. 5º, LV da CF/88: "aos litigantes, em processo judicial ou administrativo, e aos acusados em geral são assegurados o contraditório e ampla defesa, com os meios e recursos a ela inerentes".
33. Vale ressaltar que só há "jurisdição" no processo judicial. Na via administrativa, já que as decisões carecem de definitividade, não haverá jurisdição. Desta forma, no processo administrativo o direito de recurso é consagrado pelo "duplo grau de julgamento" e no processo judicial pelo "duplo grau de jurisdição".

funcionários estão lotados no paço municipal. O analista de recursos humanos responsável indeferiu o pedido pelo único motivo de que a interessada é pessoa jurídica. A decisão está:

E) incorreta, mas há possibilidade de recurso dirigido à autoridade hierarquicamente superior à que exarou a decisão impugnada."

Obs.: alternativa "E". A decisão realmente está incorreta. A LAI é clara quanto a possibilidade de interposição de recursos diante de negativa de acesso à informação. Conforme o art. 15, é estabelecido que diante de indeferimento de acesso a informações ou às razões da negativa do acesso, poderá o interessado, pessoa natural (pessoa física) ou ente moral (pessoa jurídica), interpor recurso, que será apreciado por autoridade hierarquicamente superior à que exarou a decisão impugnada.

- *CM Salvador/Analista/ 2018 – FGV*

"O pedido de acesso à informação, previsto na Lei nº 12.527/2011, conceituado como de transparência passiva, tem como característica determinante que:

E) caso ocorra indeferimento da solicitação de acesso a informações pelo órgão ou entidade públicos, que esteja devidamente embasado, não poderá o interessado interpor recurso contra a decisão."

Obs.: afirmativa incorreta. O interessado tem direito de interpor recurso contra a decisão denegatória de acesso à informação. Tal direito é garantido mesmo que a referida decisão esteja devidamente motivada, conforme art. 15.

Parágrafo único. O recurso será dirigido à **autoridade hierarquicamente superior** à que exarou a decisão impugnada, que deverá se **manifestar no prazo de 5 (cinco) dias.**

1. Recurso dirigido à autoridade hierarquicamente superior

A interposição do recurso terá como destinatário a autoridade hierarquicamente superior ao servidor responsável pela elaboração da resposta inicial que averbou a decisão denegatória.

Neste sentido, temos a Súmula nº 05/15[34] da Comissão Mista de Reavaliação de Informações, órgão colegiado que, dentre outras atribuições, atua como última instância recursal administrativa na análise de negativas de acesso à informação:

34. CONTROLADORIA-GERAL DA UNIÃO. **Aplicação da Lei de acesso à informação na Administração Pública Federal**. Brasília, 2016. 2ª edição. Disponível em: <http://www.acessoainformacao.gov.br/central-de-conteudo/publicacoes/ *aplicacao_lai_2edicao.*pdf>. Acesso em: 18 mar. 2019.

Súmula nº: 05/2015

Assunto: Conhecimento – Autoridade que profere a decisão

Súmula: "**Poderão ser conhecidos recursos em instâncias superiores, independente da competência do agente que proferiu a decisão anterior, de modo a não cercear o direito fundamental de acesso à informação.**"

Observação: "As instâncias podem conhecer de recursos julgados por autoridades incompetentes, mas o órgão não pode alegar a nulidade de seus próprios atos em face de tal incompetência."

Atenção: as bancas normalmente procuram confundir o candidato quanto a competência para julgar o primeiro recurso administrativo interposto contra a decisão denegatória, ora afirmando incorretamente que o julgamento caberá ao servidor que negou o acesso e ora, afirmando corretamente que a competência será da autoridade hierarquicamente superior.

Aplicação em concurso:

- *TJ – STM/Apoio Especializado/2018 – CESPE*

  "Acerca do acesso à informação, dos servidores públicos e do processo administrativo no âmbito federal, julgue o item que se segue.

  Caso determinado órgão público recuse o acesso imediato a informação disponível, o interessado deverá interpor recurso dirigido diretamente à autoridade que proferir a decisão de indeferimento."

  Obs.: assertiva errada. Dispõe o parágrafo único do art. 15 que o recurso será dirigido à autoridade hierarquicamente superior à que exarou a decisão impugnada e não à mesma autoridade que proferiu a decisão.

- *PC-SP/Oficial Adm./2014 – VUNESP*

  "Perseu Gregório solicitou informações sobre assunto não sigiloso a determinado órgão público, mas este indeferiu seu pedido e não explicou os motivos da negativa de acesso. Nessa hipótese, nos termos da Lei nº 12.527/2011, portanto, Perseu

  E) tem o direito de recorrer à autoridade hierarquicamente superior à que exarou a decisão impugnada para obter as informações."

  Obs.: alternativa "E" está correta (art.15, parágrafo único da LAI).

2. Prazos para interposição de recurso e conhecimento da decisão impugnada

Enquanto o interessado tem até 10 dias para ingressar com o recurso administrativo, contra a decisão que nega o acesso a informações ou às razões da negativa do acesso, a autoridade administrativa, responsável por analisar o recurso, tem prazo de 5 dias para manifestar-se.

► **Esquematizando art. 15, p. ú.:**

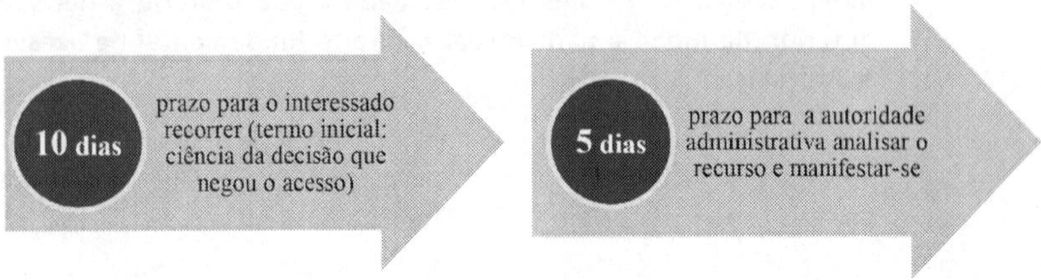

► **Atenção:** o prazo para interposição de recurso, o início de sua contagem e o prazo para a autoridade competente se manifestar são os temas mais abordados da seção II do capítulo III da LAI.

Aplicação em concurso:

- *PAULIPREV/Procurador/ 2018 – VUNESP*

  "Considere o seguinte caso hipotético:

  A Administração Pública indeferiu um pedido de acesso a informações contidas em registros ou documentos. O interessado impetrou recurso no décimo terceiro dia após a ciência do indeferimento endereçando diretamente à autoridade que emanou a decisão. O Procurador Autárquico, solicitado a se manifestar no procedimento, estará correto ao afirmar que

  A) o recurso está intempestivo, pois o interessado deveria interpor no prazo de 10 (dez) dias a contar da ciência da decisão, endereçando à autoridade hierarquicamente superior àquela que exarou a decisão impugnada.

  B) o recurso está tempestivo, porém deveria ter interposto contra a autoridade hierarquicamente superior àquela que exarou a decisão impugnada.

  C) o recurso está tempestivo, e a autoridade endereçada é competente para analisar o mérito e decidir em última e única instância.

  D) o pedido está intempestivo, pois o interessado deveria interpor no prazo de 2 (dois) dias a contar da ciência da decisão, endereçando seu pedido à autoridade hierarquicamente superior àquela que exarou a decisão impugnada.

  E) apesar da tempestividade do pedido, a sua análise ficará prejudicada, pois deveria ter sido endereçada ao Chefe do Poder Executivo."

Obs.: a alternativa correta é a letra "A". Como o interessado interpôs o recurso fora do prazo (10 dias a contar da data que tomou ciência da decisão), será ele intempestivo. Tal recurso foi devidamente dirigido à autoridade hierarquicamente superior à que exarou a decisão impugnada, que deverá se manifestar no prazo de 5 (cinco) dias (art.15, LAI). Notem que os erros das demais alternativas se referem preponderantemente aos prazos (prazo para interposição de recurso, o início de sua contagem e o prazo para a autoridade competente se manifestar).

- *PC-PR/Perito Criminal/ 2017 – IBFC*

  "Assinale a alternativa correta, considerando o disposto na Lei Nº 12.527, de 18/11/2011, sobre recursos no procedimento de acesso à informação:

  A) No caso de indeferimento de acesso a informações ou às razões da negativa do acesso, poderá o interessado interpor recurso contra a decisão no prazo de 30 (trinta) dias a contar da sua ciência, sendo que o recurso será dirigido à autoridade hierarquicamente superior à que exarou a decisão impugnada, que deverá se manifestar no prazo de 1 (um) dia

  B) No caso de indeferimento de acesso a informações ou às razões da negativa do acesso, poderá o interessado interpor recurso contra a decisão no prazo de 10 (dez) dias a contar da assinatura da decisão, sendo que o recurso será dirigido à autoridade que exarou a decisão impugnada, que deverá se manifestar no prazo de 24 (vinte e quatro) horas

  C) No caso de indeferimento de acesso a informações ou às razões da negativa do acesso, poderá o interessado interpor recurso contra a decisão no prazo de 10 (dez) dias a contar da sua ciência, sendo que o recurso será dirigido à autoridade hierarquicamente superior à que exarou a decisão impugnada, que deverá se manifestar no prazo de 5 (cinco) dias

  D) No caso de indeferimento de acesso a informações ou às razões da negativa do acesso, poderá o interessado interpor recurso contra a decisão no prazo de 15 (quinze) dias a contar da assinatura da decisão, sendo que o recurso será dirigido à autoridade que exarou a decisão impugnada, que deverá se manifestar no prazo de 24 (vinte e quatro) horas

  E) No caso de indeferimento de acesso a informações ou às razões da negativa do acesso, poderá o interessado interpor recurso contra a decisão no prazo de 5 (cinco) dias a contar da sua ciência, sendo que o recurso será dirigido à autoridade hierarquicamente superior à que exarou a decisão impugnada, que deverá se manifestar no prazo de 15 (quinze) dias."

  Obs.: a afirmativa correta é a letra "C", de acordo com o art. 15 "caput" e p. ú da LAI.

- *IGP – RS/Perito/2017 – FUNDATEC*

  "A Lei de Acesso à Informação (Lei Nº 12.527/2011) estabelece que qualquer interessado poderá apresentar pedido de acesso a informações aos órgãos e entidades, por qualquer meio legítimo, devendo o pedido conter a identificação do requerente e a especificação da informação requerida. No caso de indeferimento de acesso a informações ou às razões da negativa do acesso, poderá o interessado interpor recurso contra a decisão no prazo de:

  A) 20 (vinte) dias a contar da sua ciência.

  B) 15 (quinze) dias a contar da sua ciência.

  C) 15 (quinze) dias a contar da decisão.

  D) 10 (dez) dias a contar da sua ciência.

  E) 10 (dez) dias a contar da decisão".

  Obs.: a alternativa correta é a letra "D". Mais uma questão versando sobre os prazos elencados no art.15. Vale a pena memorizá-los.

Observação: outros certames que já cobraram o mesmo tema:

- *TJ SP/Contador/ 2019 – VUNESP;*
- *Câm. Município – Salvador/ Analista /2018 – FGV;*
- *CRO – PB/Agente administrativo/2018 – QUADRIX;*
- *Câm. Município – Sumaré/ Procurador/2017 – VUNESP;*
- *TJ TRF2/ Administrativo/2017 – CONSULPLAN;*
- *CRECI 14 – MS/Agente Fiscal/2017 – MS CONCURSOS;*
- *Etc.*

Art. 16. Negado o acesso a informação pelos órgãos ou entidades do Poder Executivo Federal, **o requerente poderá recorrer à Controladoria-Geral da União, que deliberará no prazo de 5 (cinco) dias** se:

1. Recurso à Controladoria-Geral da União

No caso de indeferimento de acesso a informações ou às razões da negativa do acesso, poderá o interessado interpor recurso contra a decisão no prazo de 10 (dez) dias a contar da sua ciência; sendo que tal recurso será dirigido à autoridade hierarquicamente superior à que exarou a decisão impugnada, que deverá se manifestar no prazo de 5 (cinco) dias.

Se, por ventura, referido recurso for indeferido, mantendo a negativa de acesso, caberá, no âmbito do Poder Executivo Federal, a interposição de mais um recurso administrativo, desta vez à Controladoria-Geral da União: órgão de controle interno do Poder Executivo Federal.

Por ser uma lei nacional, a LAI é aplicável às três esferas de Poder (Federal, Estadual e Municipal) e aos três Poderes da República. Todavia, em contrapartida, "só poderá o requerente recorrer à CGU quando a negativa de acesso a informações partir, exclusivamente, do Poder Executivo Federal".

Nessa toada, oportuno trazer a Súmula nº 07/2015[35] aprovada pela Comissão Mista de Reavaliação de Informações (CMRI), validando o supracitado:

> Número: 07/2015
>
> Assunto: Conselhos Profissionais
>
> Súmula: "Não são cabíveis os recursos de que trata o art. 16 da Lei nº 12.527, de 2011, contra decisão tomada por autoridade máxima de conselho profissional, visto que estes não integram o Poder Executivo Federal, não estando sujeitos, em consequência, à disciplina do Decreto nº 7.724/2012."
>
> Observação: "Apesar de geralmente constituídas sob a forma de autarquias, o que resulta na submissão ao regime de acesso à informação previsto na Lei de Acesso a Informação, **a natureza pública singular das entidades de fiscalização profissional não implica que integrem a estrutura do Estado nem tampouco que façam parte do Poder Executivo federal, de modo que não cabe atribuir à CGU e à CMRI o poder revisional das respostas a pedidos de acesso às informações proferidas por conselhos profissionais."**

▶ **Atenção:** somente caberá recurso perante a CGU quando a negativa de acesso a informações partir do Poder Executivo Federal.

Aplicação em concurso:

- *TRT 13/Analista/2014 – FCC*

  "No caso de indeferimento de acesso a informações, os órgãos do Poder Judiciário têm como instância recursal:

---

35. CONTROLADORIA-GERAL DA UNIÃO. **Aplicação da Lei de acesso à informação na Administração Pública Federal**. Brasília, 2016. 2ª edição. Disponível em: <http://www.acessoainformacao.gov.br/central-de-conteudo/publicacoes/*aplicacao_lai_2edicao.*pdf>. Acesso em: 18 mar. 2019.

B) a Controladoria Geral da União."

Obs: a afirmativa incorreta. Seria verdadeira a questão, caso versasse sobre o indeferimento de acesso de informações por órgãos ou entidades do Poder Executivo Federal (art. 16 da LAI).

- *UFRJ/ Assistente Adm./ 2018 – PR4 (UFRJ)*

  "O Princípio da Publicidade, garantido no art. 37 da Constituição Federal de 1988, exige a ampla divulgação dos atos praticados pela Administração Pública, ressalvadas as hipóteses de sigilo previstas em lei. Esse princípio é inerente ao Estado Democrático de Direito e garante, aos administrados em geral, o acesso às informações que sejam de seu interesse ou de interesse de toda a coletividade. Nos termos da Lei nº 12.527/2011, que regula o acesso à informação previsto na Carta Magna, é correto afirmar que:

  B) em qualquer hipótese, negado o acesso à informação pelos órgãos ou entidades do Poder Executivo Federal, o requerente poderá recorrer somente ao Ministério Público Federal, que deliberará no prazo de 30 (trinta) dias."

  Obs.: alternativa errada. O item está correto ao afirmar que o interessado, ao ter seu direito de acesso negado por órgãos ou entidade do Poder Executivo Federal, poderá recorrer a outra instância recursal; todavia, a apreciação do recurso cabe à Controladoria-Geral da União e não ao Ministério Público Federal. Ademais, o prazo para deliberação é de 5 dias e não de 30 dias.

2. Prazo para deliberação pela CGU

Em seu art. 16, *caput,* a LAI, além de firmar a Controladoria-Geral da União como órgão competente para o julgamento de recursos na esfera administrativa, referente aos processos de acesso à informação, estabelece que tal controladoria deva deliberar sobre o novo recurso no do prazo de 5 dias.

Observe que o prazo dado à CGU para manifestar-se é o mesmo dado a autoridade hierarquicamente superior a que proferiu a primeira decisão denegatória, consoante o art. 15, parágrafo único, da LAI:

> "O recurso será dirigido à autoridade hierarquicamente superior à que exarou a decisão impugnada, que deverá se manifestar no prazo de 5 dias."

▶ **Atenção:** geralmente as questões que tratam do tema versam sobre o prazo que a CGU tem para se manifestar.

Aplicação em concurso:

- *IPSMI/Procurador/2016 – VUNESP*

  "No tocante à Lei nº 12.527/11, é correto afirmar:

  E) negado o acesso a informação pelos órgãos ou entidades do Poder Executivo Federal, o requerente poderá recorrer ao Senado Federal que deliberará no prazo de 5 (cinco) dias."

  Obs.: a alternativa está errada. Tal competência é da CGU e não do Senado (Art. 16 "caput" da LAI.)

I – o **acesso** à **informação não** classificada como **sigilosa** for **negado**;

II – a **decisão** de **negativa** de **acesso** à **informação total** ou **parcialmente** classificada como **sigilosa não indicar** a **autoridade classificadora ou** a hierarquicamente superior **a quem possa** ser **dirigido pedido** de **acesso ou desclassificação**;

III – os **procedimentos** de **classificação** de **informação sigilosa** estabelecidos nesta Lei **não** tiverem sido **observados**; e

IV – estiverem **sendo descumpridos prazos ou** outros **procedimentos** previstos nesta Lei.

1. Requisitos para apreciação do recurso pela CGU

O legislador criou um "filtro recursal" e condicionou a apreciação do recurso pela CGU a algumas limitadas hipóteses. É fundamental que o interessado verifique se as razões de seu recurso se coadunam com as situações elencadas nos incisos I a IV do art. 16.

Caberá à CGU, nos termos da lei, após a análise das razões apresentadas, pelo órgão ou entidade do Poder Executivo Federal, justificar a negativa de acesso à informação; e, ainda, verificar se as mesmas estão de acordo com as hipóteses possíveis de negativas elencadas na referida lei, manifestar-se, e solicitar esclarecimentos ao órgão ou entidade quanto ao recurso.

Ademais, importante destacar que, conforme previsto no inciso III, a CGU não tem competência para julgar o mérito de pedidos de desclassificação de informações. Tal órgão limitar-se-á a análise dos procedimentos de classificação de informação sigilosa estabelecidos nesta Lei.

▶ Esquematizando art. 16º, incisos I a IV:

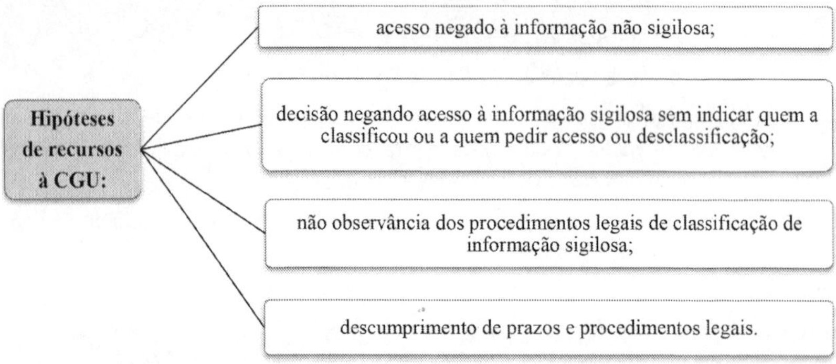

▶ **Atenção:** os incisos do art. 16 não são muito cobrados em concursos públicos. Todavia, quando cobrados, o examinador se baseia no texto legal.

Aplicação em concurso:

- *TJ TRF2/Administrativo/2017 – CONSULPLAN*

  "Nos termos da Lei nº 12.257, de 18 de novembro de 2011 (Lei de Acesso à Informação), é INCORRETO afirmar que:

  C) negado o acesso a informação pelos órgãos ou entidades do Poder Executivo Federal, o requerente poderá recorrer à Controladoria-Geral da União, que deliberará no prazo de dez dias se o acesso à informação não classificada como sigilosa for negado."

  Obs.: alternativa incorreta. A questão traz corretamente uma das hipóteses condicionantes para interposição de recurso perante a CGU (art. 16, I da LAI). O erro da questão é em relação ao prazo para deliberação, que é de 5 dias e não 10 dias.

- *UFMS/Assistente Administrativo/2016 – COPEVE*

  "Considerando o direito à informação previsto na Lei nº 12.527/2011, analise os itens abaixo e, a seguir, assinale a alternativa correta.

  V. Quando estiverem sendo descumpridos prazos ou outros procedimentos previstos na Lei, ou quando o acesso à informação não classificada como sigilosa for negado pelos órgãos ou entidades do Poder Executivo Federal, o requerente poderá recorrer à Controladoria-Geral da União, que deliberará no prazo de 5 (cinco) dias."

  Obs.: afirmativa correta. Consoante art. 16, incisos I e IV: Negado o acesso a informação pelos órgãos ou entidades do Poder Executivo Federal, o requerente poderá recorrer à Controladoria-Geral da União, que deliberará no prazo de 5 (cinco) dias se: I – o acesso à informação não classificada como sigilosa for negado; (...) IV – estiverem sendo descumpridos prazos ou outros procedimentos previstos nesta Lei.

§ 1º O **recurso** previsto neste artigo **somente poderá ser dirigido à Controladoria-Geral da União depois de submetido à apreciação de pelo menos uma autoridade hierarquicamente superior àquela que exarou a decisão impugnada**, que deliberará no prazo de 5 (cinco) dias.

§ 2º Verificada a procedência das razões do recurso, a **Controladoria-Geral da União determinará ao órgão ou entidade que adote as providências necessárias para dar cumprimento ao disposto nesta Lei.**

1. Pressuposto de admissibilidade do recurso perante a CGU

No parágrafo 1º do art. 16 da LAI, reforçando o previsto no art. 15, p. ú, do mesmo diploma, cria o legislador ordinário um verdadeiro "pressuposto de admissibilidade" para a apreciação recurso perante à CGU.

Somente será apreciado o recurso por tal órgão, depois de submetido à apreciação de pelo menos uma autoridade hierarquicamente superior àquela que exarou a decisão impugnada.

Portanto, para que seja interposto recurso perante à CGU, faz-se necessário já tê-lo submetido à apreciação de pelo menos uma autoridade hierarquicamente superior àquela que exarou a decisão impugnada, dentro do órgão ou entidade do Poder Executivo Federal que tenha negado o acesso a informação.

Aplicação em concurso:

- *INCA/Analista/2014 – FUNCAB*

  "A Lei que dispõe sobre os procedimentos a serem observados com o fim de garantir o acesso a informações (Lei nº 12.527/2011):

  E) permite recurso direto à Controladoria-Geral da União em caso de negativa de acesso à informação por entidades federais."

  Obs.: tal afirmativa é incorreta. O art. 16, § 1º é claro ao dispor que o recurso somente poderá ser dirigido à Controladoria-Geral da União depois de submetido à apreciação de pelo menos uma autoridade hierarquicamente superior àquela que exarou a decisão impugnada.

- *RFB/Auditor Fiscal/2014 – ESAF*

  "Em se tratando do acesso à informação no âmbito federal, é correto afirmar:

A) cabe recurso a ser interposto no prazo de 05 (cinco) dias e dirigido diretamente à Controladoria-Geral da União do indeferimento a pedido de acesso a informações classificadas como sigilosas contidas em Ministérios integrantes do Poder Executivo Federal."

Obs.: alternativa errada. Fique atento! A questão buscou confundir o candidato quanto à autoridade competente para apreciar o primeiro recurso e quanto ao prazo para interposição. Tendo seu direito de acesso à informação negado por órgãos ou entidades integrantes do Poder Executivo Federal, o interessado não poderá dirigir seu recurso diretamente à CGU. Primeiramente, recorrerá à autoridade hierarquicamente superior àquela que exarou a decisão denegatória do acesso para, posteriormente, apresentar, caso obtenha novamente decisão negativa, um novo recurso à CGU. Ademais, o prazo interposição do recurso é de 10 dias, e não 5 dias.

§ 3º Negado o acesso à informação pela Controladoria-Geral da União, poderá ser interposto **recurso à Comissão Mista de Reavaliação de Informações**, a que se refere o art. 35.

1. Competência recursal da Comissão Mista de Reavaliação de Informações

Caso a CGU confirme a decisão da autoridade recorrida e mantenha a negativa ao acesso à informação, terá o requerente direito de interpor mais um recurso administrativo, desta vez, dirigido à Comissão Mista de Reavaliação de Informações, nos termos do art. 35 da LAI.

Veremos, posteriormente, ao estudarmos o art. 35, que a Comissão Mista de Reavaliação de Informações (CMRI) é um "órgão colegiado composto por dez ministérios que atua como última instância recursal administrativa na análise de negativas de acesso à informação, tendo também atribuições ligadas ao tratamento e à classificação de informações sigilosas[36]".

Do mesmo modo, cabe à CMRI a tarefa de estabelecer orientações normativas a fim de suprir eventuais lacunas na aplicação da legislação relacionada com o acesso à informação.

O prazo para a interposição do referido recurso é de 10 (dez), contado da ciência da decisão, conforme art. 24 do Decreto nº 7724/12, e a Comissão Mista de Reavaliação de Informações deverá apreciá-lo até

36. http://www.acessoainformacao.gov.br/assuntos/recursos/recursos-julgados-a-cmri Acesso em 28. Março 2019.

a terceira reunião ordinária subsequente à data de sua autuação, nos termos do art. 51 do Decreto nº 7724/12.

▶ **Esquematizando art. 16º, § 3º:**

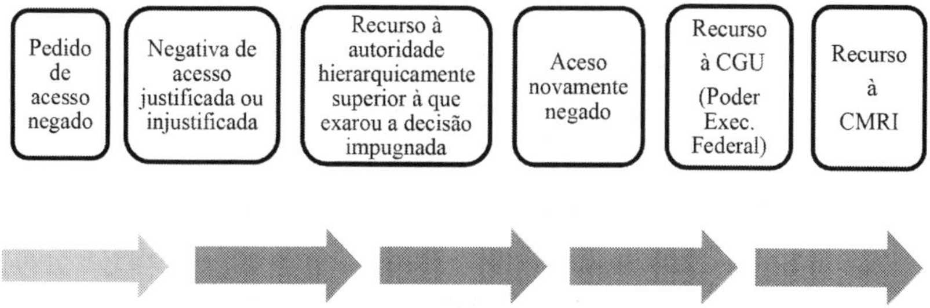

▶ **Atenção:** o parágrafo 3º do art. 16 da LAI não tem grande índice de incidência em provas.

Art. 17. No caso de **indeferimento de pedido de desclassificação de informação protocolado em órgão da administração pública federal, poderá o requerente recorrer ao Ministro de Estado da área,** sem prejuízo das competências da Comissão Mista de Reavaliação de Informações, previstas no art. 35, e do disposto no art. 16.

1. Pedido de desclassificação de informação

Além de permitir que o interessado interponha recursos administrativos contra decisões que neguem o acesso a informações ou às razões da negativa do acesso, o legislador também possibilitou, por parte do administrado, a interposição de recurso contra pedido que negue a desclassificação de informação classificada como sigilosa.

Consoante entendimento da CGU, "o pedido de desclassificação não se confunde com o pedido de acesso à informação, sendo ambos constituídos por ritos distintos e autuados em processos apartados. Nos termos dos artigos 36 e 37 do Decreto 7.724, de 2012[37], o interessado na des-

37. Art. 36 (Dec. nº 7.724/2012): "O pedido de desclassificação ou de reavaliação da classificação poderá ser apresentado aos órgãos e entidades independente de existir prévio pedido de acesso à informação".
Art. 37 (Dec. nº 7.724/2012): "Negado o pedido de desclassificação ou de reavaliação pela autoridade classificadora, o requerente poderá apresentar recurso no prazo de dez dias, contado da ciência da negativa, ao Ministro de Estado ou à autoridade com as mesmas prerrogativas, que decidirá no prazo de trinta dias".

classificação da informação deve apresentar o seu pedido à autoridade classificadora, cabendo recurso, sucessivamente, à autoridade máxima do órgão ou entidade classificador e, em última instância, à CMRI"[38].

Nesses termos, estabelece o art. 37, *caput*, do Decreto 7724/12:

> "O pedido de desclassificação será endereçado à autoridade classificadora, que decidirá no prazo de trinta dias e negado o pedido de desclassificação ou de reavaliação pela autoridade classificadora, o requerente poderá apresentar recurso no prazo de dez dias, contado da ciência da negativa, ao Ministro de Estado ou à autoridade com as mesmas prerrogativas, que decidirá no prazo de trinta dias."

Sendo a autoridade classificadora atrelada a autarquia, fundação, empresa pública ou sociedade de economia mista, o recurso será apresentado ao dirigente máximo da entidade e no caso das Forças Armadas, o recurso será apresentado primeiramente perante o respectivo Comandante, e, em caso de negativa, ao Ministro de Estado da Defesa (art. 37, §§ 1º e 2º, do Decreto nº 7724/12).

Na hipótese de informações produzidas por autoridades ou agentes públicos no exterior, o requerimento de desclassificação e reavaliação será apreciado pela autoridade hierarquicamente superior que estiver em território brasileiro, nos termos do art. 37, § 3º, do Decreto nº 7724/12.

Por fim, sendo desprovido o referido recurso, poderá, em regra, ser interposto novo recurso à Comissão Mista de Reavaliação de Informações, no prazo de 10 (dez) dias, contado da ciência da decisão, conforme art. 37, § 4º, do Decreto nº 7724/12.

Aplicação em concurso:

- *CEITEC/Advogado/2016 – IADES*

"Acerca do trâmite recursal previsto na Lei de Acesso à Informação nº 12.527/2011, assinale a alternativa correta:

D) no caso de indeferimento pela Controladoria-Geral da União, desde que o objeto seja a desclassificação de informação secreta ou ultrassecreta, poderá haver recurso que será dirigido àquele órgão que, não reconsiderando, encaminhará à Comissão Mista de Reavaliação de Informações, no âmbito da Casa Civil da Presidência da República, que decidirá a respeito no prazo de até 10 dias."

---

38. CONTROLADORIA-GERAL DA UNIÃO. **Aplicação da Lei de acesso à informação na Administração Pública Federal**. Brasília, 2016. 2ª edição. Disponível em: <http://www.acessoainformacao.gov.br/central-de-conteudo/publicacoes/*aplicacao_lai_2edicao*.pdf>. Acesso em: 19 mar. 2019.

Obs.: tal afirmativa é incorreta. Nessa assertiva, o examinador "misturou" dois ritos procedimentais distintos: o primeiro rito será observado quando o interessado pretender o acesso à informação (arts. 15 e 16 da LAI e arts. 21 a 24 do Decreto nº 7724/12) e o segundo, quando o requerente buscar a desclassificação de informação sigilosa (art. 17 da LAI e arts. 37 e 38 do Decreto nº 7724/12). Outro erro da questão: só será cabível recurso à CGU no caso do rito procedimental de acesso a informações e desde que no âmbito do Poder Executivo Federal (art. 16 da LAI). Destaca-se também que a exigência de que a informação seja secreta ou ultrassecreta é um requisito para interposição de recurso perante à CMRI objetivando a desclassificação da informação e não no caso recurso à CGU pleiteando o acesso à informação. Por fim, a CMRI deverá apreciar os recursos em questão até a terceira reunião ordinária subsequente à data de sua autuação e não no prazo de 10 dias (art. 50 do Decreto 7724/12).

§ 1º O recurso previsto neste artigo **somente poderá ser dirigido às autoridades mencionadas** depois de submetido à **apreciação de pelo menos uma autoridade hierarquicamente superior à autoridade que exarou a decisão** impugnada e, no caso das **Forças Armadas, ao respectivo Comando.**

1. Condição para interposição de recurso dirigido ao Ministro de Estado

Estabeleceu a LAI, no rito administrativo que objetiva a desclassificação ou a reavaliação da informação, uma verdadeira condição para a interposição de recurso perante o Ministro de Estado ou perante autoridade com as mesmas prerrogativas: "a apreciação de pelo menos uma autoridade hierarquicamente superior à autoridade que exarou a decisão impugnada e, no caso das Forças Armadas, ao respectivo Comando".

Em resumo, o pedido de desclassificação ou de reavaliação de informações, primeiramente, será dirigido à autoridade classificadora. No caso de indeferimento, e à luz do art. 17, §1º, será interposto um novo recurso administrativo endereçado à autoridade hierarquicamente superior àquela que exarou a decisão impugnada e no caso de novo indeferimento, caberá recurso ao Ministro de Estado ou à autoridade com as mesmas prerrogativas.

Conforme já mencionado, sendo desprovido o recurso interposto junto ao Ministro de Estado, em regra, poderá o administrado apresentar recurso à Comissão Mista de Reavaliação de Informações, no prazo de dez dias, contado da ciência da decisão (art. 17, §1º, da LAI e art. 37, § 4º, do Decreto nº 7724/12).

§ 2º **Indeferido o recurso** previsto no caput que tenha como objeto a **desclassificação de informação secreta ou ultrassecreta, caberá recurso à Comissão Mista de Reavaliação de Informações** prevista no art. 35.

1. A Comissão Mista de Reavaliação de Informações e sua competência recursal

Uma vez indeferido o pedido de desclassificação de informação, pelo Ministro de Estado da área ou autoridade com as mesmas prerrogativas, e, desde que sejam informações ultrassecretas e secretas, poderá o administrado apresentar novo recurso à Comissão Mista de Reavaliação de Informações – CMRI.

Verificaremos, em momento oportuno, que existem três níveis de sigilo de informações: informações ultrassecretas (25 anos), secretas (15 anos) e reservadas (5 anos), nos termos do art. 24, § 1º da LAI.

No rito a ser observado no pedido de desclassificação ou da reavaliação da informação, somente caberá, em última instância administrativa, recurso à CMRI quando o pedido, anteriormente indeferido pelo Ministro de Estado, versar sobre a desclassificação de informações ultrassecretas e secretas.

Quando se tratar de pedido de desclassificação de informações reservadas, o Ministro de Estado da área será a última instância recursal administrativa e não caberá a CMRI deliberar sobre suas decisões.

▶ **Esquematizando art. 17º, § 2º:**

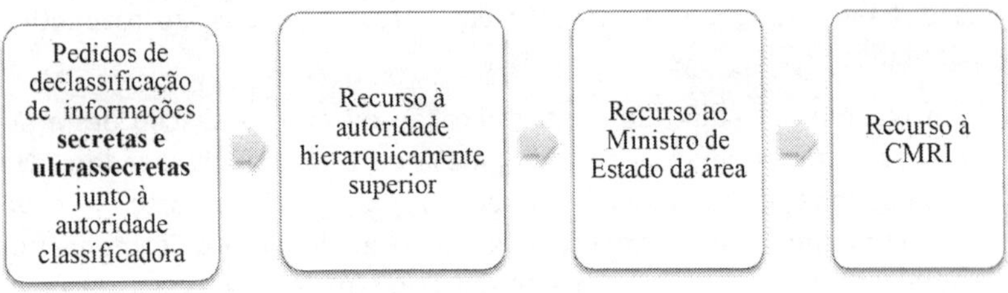

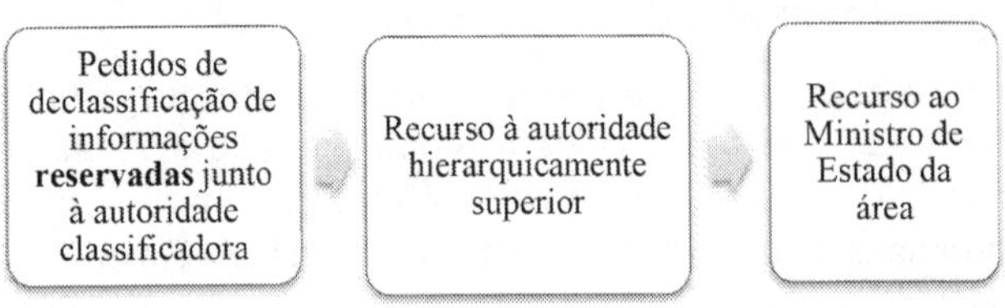

▶ **Atenção:** no pedido de desclassificação de informações reservadas, a última instância recursal administrativa será o Ministro de Estado e, no caso das Forças Armadas, o respectivo Comando.

Aplicação em concurso:

- *Câmara Mun. Guarujá-SP/Agente Legislativo/2018 – INDEPAC*

  "Com relação ao procedimento de acesso à informação, de acordo com a Lei nº 12.527 de 2011, assinale a alternativa correta.

  E) no caso de indeferimento de pedido de desclassificação de informação protocolado em órgão da administração pública federal, deverá o requerente recorrer diretamente à Comissão Mista de Reavaliação de Informações."

  Obs.: afirmativa errada. No caso de indeferimento de pedido de desclassificação, caberá, em primeiro lugar, recurso à autoridade hierarquicamente superior. Na hipótese de novo indeferimento, caberá recurso ao Ministro de Estado. Mantida a negativa e desde que o pedido verse sobre a desclassificação de informações ultrassecretas e secretas, poderá ser interposto último recurso à CMRI.

Art. 18. Os procedimentos de revisão de decisões denegatórias proferidas no recurso previsto no art. 15 e de revisão de classificação de documentos sigilosos serão objeto de regulamentação própria dos Poderes Legislativo e Judiciário e do Ministério Público, em seus respectivos âmbitos, assegurado ao solicitante, em qualquer caso, o direito de ser informado sobre o andamento de seu pedido.

1. Procedimento de revisão de decisões denegatórias no âmbito dos Poderes Legislativo e Judiciário e no âmbito do Ministério Público

Em tal dispositivo, buscando resguardar a independência dos Poderes do Estado, estabeleceu o legislador ordinário a competência dos Poderes Legislativo e Judiciário e do Ministério Público para regulamentarem seus processos administrativos de revisão de decisões denegatórias, assegurando ao solicitante, independentemente da existência da norma regulamentadora, o direito de ser informado sobre o andamento de seu pedido.

Como exemplos, temos a Resolução nº 215/2015 do Conselho Nacional de Justiça (CNJ) e a Resolução nº 89/12 do Conselho Nacional do Ministério Público (CNMP), ambas regulamentando, respectivamente, no âmbito do Poder Judiciário e do Ministério Público da União e dos Estados, o acesso à informação e a aplicação da LAI.

Art. 19. (VETADO).

§ 1º (VETADO).

§ 2º Os órgãos do **Poder Judiciário e do Ministério Público** informarão ao **Conselho Nacional de Justiça e ao Conselho Nacional do Ministério Público, respectivamente**, as **decisões que**, em grau de **recurso, negarem acesso** a informações de interesse público.

1. O papel do CNJ e do CNMP no monitoramento da implementação da LAI

Tal dispositivo, ao determinar que "os órgãos do Poder Judiciário e do Ministério Público informem ao CNJ e ao CNMP, respectivamente, as decisões que, em grau de recurso, neguem acesso a informações de interesse público", viabiliza o monitoramento da implementação, ou não, do disposto na LAI por todos os Poderes do Estado e não apenas pelo Poder Executivo, assegurando o adequado cumprimento das normas relativas ao acesso a informação.

Por fim, tal previsão legal consagra os referidos órgãos como verdadeiras instâncias recursais no âmbito do Poder Judiciário e do Ministério Público, no que tange o acesso e a classificação de informações.

- **Atenção:** Não cabe recurso à CGU das decisões de acesso negadas pelos órgãos do Poder Judiciário e do Ministério Público. Nesses casos o recurso será apreciado, respectivamente pelo CNJ e CNMP; e
- o veto presidencial ao caput do art. 35 da LAI, limitou a atuação da CMRI aos pedidos na esfera executiva federal. Antes do veto, à Comissão Mista era conferido o papel de instancia recursal do país, incluindo os três Poderes do Estado e o Ministério Público.

Aplicação em concurso:

- *TRT13/Apoio Especializado/2014 – FCC*

  "No caso de indeferimento de acesso a informações, os órgãos do Poder Judiciário têm como instância recursal

  A) o Conselho Nacional de Arquivos.

  B) a Controladoria Geral da União.

  C) o Supremo Tribunal Federal.

  D) o Ministério da Justiça.

  E) o Conselho Nacional de Justiça."

Obs.: alternativa "E". A questão versa sobre indeferimento de pedidos de acesso a informações na esfera do Poder Judiciário. E, portanto, consoante art. 19, §2, a LAI, ao conferir aos órgãos do Poder Judiciário o dever de informar ao Conselho Nacional de Justiça quanto às decisões que negarem acesso, está estabelecendo a competência recursal do CNJ dentro do referido poder. Logo, temos a letra "E" como alternativa correta. Lembre-se: se a questão tratasse da esfera executiva federal, a alternativa correta seria a letra "B".

Art. 20. Aplica-se subsidiariamente, **no que couber**, a **Lei nº 9.784**, de 29 de janeiro de 1999, ao procedimento de que trata este Capítulo.

Com intuito de suprir eventuais lacunas a garantir a aplicação efetiva da LAI, estabelece o legislador que, ao procedimento recursal da Lei nº 12.527/11, aplica-se subsidiariamente a Lei nº 9.784/99.

Tal diploma regula o processo administrativo no âmbito federal – Administração Pública direta e indireta e consoante entendimento firmado pelo STJ, aplica-se também a Estados e Municípios que não possuam legislação própria (STJ – Ag: 1384939, Relator: Ministro MAURO CAMPBELL MARQUES, Data de Publicação: DJ 25/03/2011).

CAPÍTULO IV
DAS RESTRIÇÕES DE ACESSO À INFORMAÇÃO

Seção I
Disposições Gerais

Art. 21. Não poderá ser **negado acesso** à informação **necessária** à **tutela** judicial ou administrativa de **direitos fundamentais**.

1. Informação necessária à tutela de direitos fundamentais

Direitos fundamentais são aqueles direitos direcionados à pessoa humana, que foram incorporados no ordenamento jurídico de um país. Representam a totalidade de direitos e garantias do ser humano, protegendo-o da ação estatal e garantindo-lhe condições mínimas de vida e desenvolvimento.

Na lição de Flávio Martins,[39] os "direitos fundamentais em sentido material são os direitos decorrentes da dignidade da pessoa humana,

39. Nunes Júnior, Flávio Martins Alves – Curso de Direito Constitucional – 2. Ed. rev., atual. e ampl. – São Paulo: Thomson Reuters Brasil, 2018 – P. 772.

pretensões de certos grupos ou povos, decorrentes da evolução histórica e das novas necessidades que se apresentam, ainda que não positivadas no ordenamento constitucional de nosso país".

Em nossa Constituição, o Título II é reservado aos Direitos Fundamentais, sendo dividido da seguinte maneira: direitos e deveres individuais e coletivos (art.5º); direitos sociais (arts. 6º a 11); direito de nacionalidade (arts. 12 e 13); direitos políticos (arts. 14 a 16) e partidos políticos (art. 17).

Nessa toada, vale destacar que existem outros direitos fundamentais não positivados em nossa constituição e, neste sentido, estabelece o art. 5º, § 2º, da CF/88:

> "Os direitos e garantias expressos nesta Constituição não excluem outros decorrentes do regime e dos princípios por ela adotados, ou dos tratados internacionais em que a República Federativa do Brasil seja parte".

▶ **Atenção:** nas questões que versam sobre o *caput do* art. 21 da LAI, geralmente o examinador afirma correta e literalmente que não poderá ser negado acesso à informação necessária à tutela judicial ou administrativa de direitos fundamentais.

Aplicação em concurso:

- *Prefeitura de Natal – RN/Advogado /2016 – IDECAN*

  "Sobre a Lei nº 12.527, de 18 de novembro de 2011 – Lei de Acesso à Informação, assinale a afirmativa INCORRETA:

  A) Não poderá ser negado acesso à informação necessária à tutela judicial ou administrativa de direitos fundamentais."

  Obs.: afirmativa correta e nos exatos termos do art. 21, caput, da LAI.

- *TJ-PI/Juiz Substituto/2015 – FCC*

  "É norma CONTRÁRIA ao regime da Lei Federal n° 12.527/2011 - Lei de Acesso à Informação:

  C) Não poderá ser negado acesso à informação necessária à tutela judicial ou administrativa de direitos fundamentais."

  Obs.: assertiva correta (art. 21, caput, da LAI).

Parágrafo único. As **informações** ou **documentos** que versem **sobre condutas** que impliquem **violação** dos **direitos humanos praticada** por **agentes públicos** ou a **mando de autoridades públicas não poderão** ser objeto de **restrição de acesso.**

1. Informações ou documentos que versem sobre condutas que impliquem violação dos direitos humanos

Podemos afirmar que os direitos humanos são os direitos previstos em tratados e outros

ingerências que podem ser praticadas pelo Estado ou por outras pessoas, obrigam o Estado a realizar prestações mínimas que assegurem a todos a existência digna: direitos sociais, econômicos, culturais[40].

Portanto, direitos humanos são todos os direitos inerentes à condição humana, independentemente de raça, credo, idade, condição social, idioma ou quaisquer outras exigências; são verdadeiros garantidores da dignidade, erigidos como verdadeiros pilares da justiça, da liberdade, da igualdade e da paz.

Como marco protetor desses direitos, temos a Declaração Universal dos Direitos Humanos (DUDH)41, instrumentalizada pela resolução 217 A (III) da Assembleia Geral da ONU, em 1948.

Para alguns, os direitos humanos não se confundem com os direitos fundamentais. A grande diferença estaria no fato de que aqueles não estão, necessariamente, positivados no ordenamento nacional, enquanto estes se encontram incorporados no ordenamento jurídico de um país.

Buscando a reparação, e até mesmo a prevenção de ações estatais violadoras dos direitos humanos, estabeleceu o legislador que não poderão ser objeto de restrição de acesso informações ou documentos que versem sobre condutas que impliquem violação a tais direitos por agentes públicos ou a mando de autoridades públicas.

Aplicação em concurso:

- *ANS/Técnico Administrativo/2016/FUNCAB*

  "Consoante o disposto na Lei nº 12.527/2011, que disciplina o acesso à informação, é correto afirmar que:

  A) as informações ou documentos que versem sobre condutas que impliquem violação dos direitos humanos praticada por agentes públicos ou a mando de autoridades públicas poderão ser objeto de restrição de acesso."

  Obs.: tal afirmativa é incorreta, pois tais informações ou documentos não poderão ser objeto de restrição de acesso (art. 21, p. ú, da LAI).

---

40. Nunes Júnior, Flávio Martins Alves – Curso de Direito Constitucional – 2. Ed. rev., atual. e ampl. – São Paulo: Thomson Reuters Brasil, 2018 – P. 767.
41. http://www.un.org/ga/search/view_doc.asp?symbol=A/RES/217(III)&Lang=E Acesso:24 abril de 2019.

- *ANATEL/Especialista em Regulação/Mídia Digital/2014- CESPE*

  "Com base no disposto na Lei de Acesso à Informação, julgue o item que se segue. Informações ou documentos que versem sobre conduta que implique violação de direitos humanos praticada por agentes públicos ou a mando de autoridades públicas não devem ser objeto de restrição de acesso."

  Obs.: questão correta (art. 21, p. ú, da LAI).

▶ **Observação:** outros certames que já cobraram o mesmo dispositivo:

- *UFSM/Engenheiro/Engenharia Sanitária e Ambienta/2018 – UFSM;*
- *MPE-RS/Promotor de Justiça/2016 – MPE-RS;*
- *Prefeitura de Cidreira – RS/Assistente Administrativo/2016 – OBJETIVA;*
- *TJ-PI/Juiz Substituto/2015 – FCC;*
- *CISVALE/Auxiliar Administrativo/2015 – OBJETIVA;*
- *Etc.*

Art. 22. O disposto nesta Lei **não exclui** as **demais** hipóteses legais de **sigilo** e de **segredo de justiça** nem as hipóteses de **segredo industrial** decorrentes da exploração direta **de atividade econômica** pelo **Estado ou** por **pessoa física** ou **entidade privada que tenha** qualquer **vínculo** com o **poder público.**

1. Hipóteses autônomas de sigilo

Verifica-se que a LAI admite a possibilidade de hipóteses de sigilo que por ela não sejam abarcadas, mas previstas em outras legislações específicas. Como exemplo de hipóteses autônomas de sigilo, podemos citar os casos de segredo de justiça, elencados no art. 189 do CPC:

> "Os atos processuais são públicos, todavia tramitam em segredo de justiça os processos:
>
> I – em que o exija o interesse público ou social;
>
> II – que versem sobre casamento, separação de corpos, divórcio, separação, união estável, filiação, alimentos e guarda de crianças e adolescentes;
>
> III – em que constem dados protegidos pelo direito constitucional à intimidade;
>
> IV – que versem sobre arbitragem, inclusive sobre cumprimento de carta arbitral, desde que a confidencialidade estipulada na arbitragem seja comprovada perante o juízo".

Ademais, temos a Lei nº 9279/96 que regula direitos e obrigações quanto à propriedade industrial, onde, em seu art. 195, define como crime de "concorrência desleal" a conduta de divulgar, explorar ou utilizar, sem autorização, de conhecimentos, informações ou dados confidenciais, utilizáveis na indústria, comércio ou prestação de serviços, excluídos aqueles que sejam de conhecimento público ou que sejam evidentes para um técnico no assunto, a que teve acesso mediante relação contratual ou empregatícia, mesmo após o término do contrato.

Na mesma toada, e complementando a LAI, temos o art. 5º, § 2º, do Decreto nº 7724/12:

> "Não se sujeitam ao disposto neste Decreto as informações relativas à atividade empresarial de pessoas físicas ou jurídicas de direito privado obtidas pelo Banco Central do Brasil, pelas agências reguladoras ou por outros órgãos ou entidades no exercício de atividade de controle, regulação e supervisão da atividade econômica cuja divulgação possa representar vantagem competitiva a outros agentes econômicos".

▶ **Atenção:** ordinariamente, as questões que tratam do art. 22 da LAI são extraídas do texto legal.

Aplicação em concurso:

- *DPE-SC/Analista Técnico/2018 – FUNDATEC*

  "Sobre a Lei de Acesso à Informação (Lei nº 12.527/2011), assinale a alternativa INCORRETA.

  C) O disposto na referida Lei não exclui as demais hipóteses legais de sigilo e de segredo de justiça, nem as hipóteses de segredo industrial decorrentes da exploração direta de atividade econômica pelo Estado ou por pessoa física ou entidade privada que tenha qualquer vínculo com o poder público."

  Obs.: a assertiva é verdadeira, de acordo com art. 22, "caput", da LAI.

- *MPE-MG/Promotor de Justiça/2013 – MPE-MG;*

  "Visando regular os procedimentos a serem observados pela União, Estados, Distrito Federal e Municípios, quanto ao acesso a informações previsto no inciso XXXIII do artigo 5º, no inciso II do § 3º do artigo 37 e no § 2º do artigo 216, todos da Constituição da República, foi editada a Lei Federal 12.527/2011, que prevê, EXCETO:

  C) O disposto na referida lei não exclui as demais hipóteses legais de sigilo e de segredo de justiça, nem as hipóteses de segredo industrial decorrentes da exploração direta de atividade econômica pelo Estado ou por pessoa física ou entidade privada que tenha qualquer vínculo com o poder público."

Obs.: afirmação correta e de acordo com art. 22 da LAI.

Seção II
Da Classificação da Informação quanto ao Grau e Prazos de Sigilo

Art. 23. São consideradas **imprescindíveis à segurança da sociedade ou do Estado** e, portanto, **passíveis de classificação as informações** cuja divulgação ou acesso irrestrito possam:

I – pôr em **risco a defesa e a soberania nacionais** ou a **integridade do território nacional;**

1. Sigilo das informações

Já verificamos, ao estudarmos o art. 3º da LAI, que uma de suas principais diretrizes é "a observância da publicidade como preceito geral e do sigilo como exceção". Inobstante tal diretriz, e buscando a tutela de interesses não menos importantes – como a segurança da sociedade ou do Estado, a intimidade, a vida privada, a honra e a imagem das pessoas -, o próprio legislador mitigou o dever de transparência, determinando que o Estado proteja e restrinja o acesso a informações pessoais e sigilosas.

As informações pessoais, ou seja, aquelas que se referem a intimidade, a vida privada, a honra e a imagem das pessoas, têm sua proteção positivada no art. 31 da LAI, que analisaremos em momento oportuno. Já a proteção de informações sigilosas – aquelas submetidas temporariamente à restrição de acesso público em razão de sua imprescindibilidade para a segurança da sociedade e do Estado – é prevista no art. 23, que traz um rol taxativo de informações que podem ser objeto de sigilo.

2. Proteção da defesa, soberania e integridade nacional

No inciso I do art. 23, o legislador elenca, como passíveis de classificação, as informações cujas divulgações ou acessos irrestritos possam pôr em risco a defesa e a soberania nacionais ou a integridade do território nacional.

Nesses casos, o sigilo é imprescindível para assegurar a afetividade de medidas e ações públicas que tenham por escopo garantir a defesa do território, a soberania e os interesses nacionais, contra ameaças internas ou externas, ações estas, de cunho preventivo ou repressivo.

Atenção: o art. 23 da LAI é um dos mais cobrados em concursos públicos.

Aplicação em concurso:

- *IF-RJ/Enfermeiro /2017 – FCM*

  "Relativamente à lei que regula o acesso à informação (nº 12.527/2011), analise os itens abaixo e marque (V) para verdadeiro ou (F) para falso:

  ( ) São consideradas imprescindíveis à segurança da sociedade ou do Estado e, portanto, passíveis de classificação, as informações*s cuja divulgação ou acesso irrestrito possam pôr em risco a defesa e a soberania nacionais ou a integridade do território nacional."

  Obs.: afirmação correta (art. 23, I, da LAI).

II – prejudicar ou pôr em **risco** a condução de **negociações ou** as **relações internacionais** do País, ou **as** que tenham sido **fornecidas em caráter sigiloso por outros Estados e organismos internacionais**;

1. Informações referentes a negociações ou as relações internacionais

Com tal dispositivo, busca-se garantir, em um primeiro momento, a segurança e a efetividade das negociações internacionais no campo econômico, onde, na maioria das vezes, o sigilo é fundamental para o sucesso de tais ajustes.

Verifica-se, igualmente, que tal comando não restringiu sua proteção apenas às relações de cunho econômico e sim, a quaisquer relações internacionais onde o sigilo seja fundamental para seu êxito.

Aplicação em concurso:

- *TRF – 2ª REGIÃO/Técnico Judiciário/2017 -CONSULPLAN*

  "Nos termos da Lei nº 12.257, de 18 de novembro de 2011 (Lei de Acesso à Informação), são consideradas imprescindíveis à segurança da sociedade ou do Estado e, portanto, passíveis de classificação as informações cuja divulgação ou acesso irrestrito possam, EXCETO:

  D) prejudicar ou pôr em risco a condução de negociações ou as relações internacionais do País, ou as que tenham sido fornecidas em caráter ostensivo ou sigiloso por outros Estados e organismos internacionais."

  Obs.: assertiva que deve ser assinalada. Trata-se de afirmação falsa. O que a torna inverídica é a expressão "ostensiva". Só poderá ser submetida ao sigilo, a informação que possa prejudicar ou pôr em risco a condução de negociações ou as relações internacionais do País, ou as que tenham sido fornecidas em caráter SIGILOSO por outros Estados e organismos internacionais. (art. 23, I, da LAI).

III – pôr em **risco** a **vida**, a **segurança** ou a **saúde** da população;

1. O sigilo como garantidor da incolumidade das pessoas

Em algumas situações, buscando a proteção da integridade do indivíduo e da sociedade, garantindo inclusive a estabilidade do Estado, está autorizado o Poder Público a restringir o acesso a certas informações.

Em um passado não tão longínquo, a jurisprudência proibia a divulgação do nome do servidor vinculado à sua remuneração, sustentando que tal divulgação fragilizaria a segurança física e corporal dos servidores e familiares (art. 23, III, da LAI).

Todavia, como já mencionado no início desta obra, atualmente, novo entendimento foi pacificado pelo STF que sustenta ser legítima a publicação do nome de servidores e dos valores dos correspondentes vencimentos e vantagens pecuniárias, sendo que a questão teve repercussão geral reconhecida em setembro de 2011. (ARE 652777)

Aplicação em concurso:

- *SAP-SP/Agente Penitenciário (Médio)/2015 – VUNESP*

  "A Lei Federal nº 12.527/11 considera imprescindíveis à segurança da sociedade ou do Estado e, portanto, passíveis de classificação, as informações:

  E) cuja divulgação ou acesso irrestrito possam pôr em risco a vida, a segurança ou a saúde da população."

  Obs.: afirmação correta (art. 23, III, da LAI).

IV – oferecer elevado **risco à estabilidade financeira**, **econômica** ou **monetária** do País

1. Estabilidade financeira, econômica ou monetária do País

Em muitos casos, a restrição ao acesso de certas informações é peça-chave para a manutenção de um regular funcionamento do sistema financeiro de um país, evitando, assim, indevidas especulações e garantindo, concomitantemente, a estabilidade econômica e monetária.

Como exemplo de sigilo, podemos citar as atas das reuniões do Comitê de Estabilidade Financeira (Comef) do Banco Central. Tal comitê é um "órgão colegiado do Banco Central (BC) que estabelece diretrizes para a manutenção da estabilidade financeira e a prevenção da materialização do risco sistêmico – ou seja, o risco de ocorrência de interrupção de serviços financeiros essenciais às famílias e às empresas, que prejudique significativamente a economia brasileira."

Aplicação em concurso:

- *TRF – 2ª REGIÃO/Técnico Judiciário – Segurança e Transporte/2017 -CONSULPLAN*

  "Nos termos da Lei nº 12.257, de 18 de novembro de 2011 (Lei de Acesso à Informação), são consideradas imprescindíveis à segurança da sociedade ou do Estado e, portanto, passíveis de classificação as informações cuja divulgação ou acesso irrestrito possam, EXCETO:

  A) oferecer elevado risco à estabilidade financeira, econômica ou monetária do País."

  Obs.: assertiva correta e que não deve ser assinalada. (art. 23, IV, da LAI).

V – prejudicar ou causar **risco** a **planos** ou **operações** estratégicos das **Forças Armadas**;

1. Planos ou operações estratégicas das Forças Armadas

Tratando-se de planejamento estratégico militar e emprego das Forças Armadas, temos, na maioria das vezes, o sigilo como condição de sucesso. Para isso, buscando garantir a eficácia de tais planos e operações militares, autorizou o legislador ordinário que o Estado restrinja o acesso a dados e informações.

Aplicação em concurso:

- *TRF – 2ª REGIÃO/Técnico Judiciário/2017 – CONSULPLAN*

  "Nos termos da Lei nº 12.257, de 18 de novembro de 2011 (Lei de Acesso à Informação), são consideradas imprescindíveis à segurança da sociedade ou do Estado e, portanto, passíveis de classificação as informações cuja divulgação ou acesso irrestrito possam, EXCETO:

  B) Prejudicar ou causar risco a planos ou operações estratégicos das Forças Armadas."

  Obs.: afirmação correta e que não deve ser assinalada. Nesta questão a banca pede uma informação que NÃO é passível de classificação (art. 23, V, da LAI).

VI – prejudicar ou causar **risco** a **projetos de pesquisa** e **desenvolvimento científico** ou **tecnológico**, assim como a **sistemas, bens, instalações** ou **áreas de interesse estratégico nacional**;

1. Informações sobre projetos de pesquisas e desenvolvimento científico ou tecnológico

As Informações sobre projetos de pesquisas e desenvolvimento científico ou tecnológico, desde que imprescindíveis à segurança da sociedade e do Estado, não serão acessíveis, por mais que o requerente demonstre interesse. Portanto, mais uma vez, temos o legislador mitigando o dever de transparência em prol do interesse público.

Aplicação em concurso:

- *MANAUSPREV/Analista Previdenciário – Arquivologia/2015 – FCC*

  "Pela Lei de Acesso à Informação, de 2011, NÃO são passíveis de classificação, do ponto de vista da segurança da sociedade e do Estado, aquelas informações que:

  B) prejudicam ou causam risco a projetos de pesquisa e desenvolvimento científico ou tecnológico."

  Obs.: afirmação correta e que não deve ser assinalada. Novamente a banca pede que o examinando marque uma informação que NÃO é passível de classificação (art. 23, VI, da LAI).

VII – pôr em **risco** a **segurança** de **instituições** ou de **altas autoridades** nacionais ou estrangeiras e **seus familiares**;

1. Segurança de instituições ou de altas autoridades nacionais ou estrangeiras e seus familiares

Com intuito de preservar a segurança de instituições, de agentes políticos que representem o mais alto escalão do poder, de autoridades estrangeiras e de seus respectivos familiares, permite novamente o legislador que o sigilo prevaleça em detrimento da publicidade.

Aplicação em concurso:

- *TJ-RJ/Juiz Leigo/2018 – VUNESP*

  "A Lei de Acesso à Informação (Lei Federal n° 12.527/2011) prevê as regras para amplo acesso a informações públicas pelos cidadãos e os casos específicos de salvaguarda de informações em razão de interesse público superior.

  A respeito dessa lei, assinale a alternativa correta:

  B) São consideradas imprescindíveis à segurança da sociedade ou do Estado e, portanto, passíveis de classificação, as informações cuja divulgação ou acesso irrestrito possam pôr em risco a reputação de altas autoridades nacionais ou estrangeiras e seus familiares."

Obs.: questão incorreta. Consoante o art. 23, VII, da LAI, podem ter o acesso restrito as informações que podem pôr em risco a SEGURANÇA e não a REPUTAÇÃO de instituições ou de altas autoridades nacionais ou estrangeiras e seus familiares.

VIII – comprometer atividades de inteligência, bem como de **investigação ou fiscalização em andamento**, relacionadas com a **prevenção** ou **repressão** de **infrações**.

1. Atividades de inteligência, investigação ou fiscalização em andamento

Para garantir o êxito de atividades persecutórias por parte do Estado, na apuração, repressão e prevenção de infrações penais, ilícitos civis, administrativos ou disciplinares, garante o legislador, nestes casos, a decretação do sigilo de dados e informações.

Destaca-se que a LAI, nas hipóteses mencionadas, assegura o sigilo apenas nos procedimentos investigativos, de inteligência ou fiscalizatórios que estejam em andamento.

► **STF**

"CONSTITUCIONAL. ADMINISTRATIVO. PROCESSUAL CIVIL. LEI DE ACESSO A INFORMACAO. LEI 12.527/2011. AUTOS CLASSIFICADOS COMO 'RESERVADO'. VISTA POR PARTE DO REQUERENTE QUE PROTOCOLOU REPRESENTAÇÃO EM PROL DA APURAÇÃO DE ATOS SUPOSTAMENTE ÍMPROBOS. CIDADÃO INTERESSADO E LEGITIMADO NOS TERMOS DO ART. 9º, I E II DA LEI 9.784/99. PRECEDENTES. RESERVA DE INFORMAÇÕES SENSÍVEIS COM SIGILO E PROTEÇÃO CONSTITUCIONAL OU LEGAL. POSSIBILIDADE. DIREITO LÍQUIDO E CERTO EXISTENTE EM PARTE. [...] [...] É claro que **o referido direito de acesso aos autos não é absoluto, conforme mencionado acima, uma vez que o feito pode conter informações que não possam ser compartilhadas com o impetrante em razão de serem afetas às atividades de inteligência** – é notório que o caso originário tem relação com a atuação de servidores da Agência Brasileira de Inteligência, ABIN – ou, de sigilo, baseados na Constituição Federal ou, também, na legislação brasileira, como bem indica o Subprocurador-Geral da República. [...] Ante o exposto, **concedo parcialmente a segurança para determinar o direito de vista dos autos do processo n. 00400.010981/2012-32, com exceção de eventuais informações que estejam sob sigilo legal ou constitucional ou que sejam relacionadas com atividades de inteligência** [...]" (STF – ARE: 917690 DF – DISTRITO FEDERAL 0163198-11.2013.3.00.0000, Relator: Min. RICARDO LEWANDOWSKI, Data de Julgamento: 01/06/2017, Data de Publicação: DJe-118 06/06/2017)

► **STJ**

"MANDADO DE SEGURANÇA – LITISPENDÊNCIA NÃO CONFIGURADA – LEGITIMIDADE PASSIVA AD CAUSAM – DIREITO ADMINISTRATIVO – SINDICÂNCIA INVESTIGATIVA OU APURATÓRIA DE SUPOSTA INFRAÇÃO COMETIDA POR SERVIDORES PÚBLICOS – NATUREZA INQUISITORIAL – DESNECESSIDADE DE CONTRADITÓRIO E AMPLA DEFESA – AUSÊNCIA DE DIREITO LÍQUIDO E CERTO AO ACESSO ÀS INFORMAÇÕES CONSTANTES DO PROCESSO. [...] Tratando-se a sindicância investigativa ou apuratória de procedimento com natureza inquisitorial e preparatória, prescinde ela da observância dos princípios constitucionais do contraditório e da ampla defesa, os quais serão devidamente respeitados se desse processo sobrevier formal acusação aos servidores públicos. Precedentes. [...] [...] À luz dos arts. 7º, § 3º, e 23, VIII, da Lei 12.527/2011, bem como do art. 6º da Portaria CGU nº 335/2006, **considerando o caráter sigiloso do conteúdo do procedimento apuratório, não se vislumbra direito líquido e certo dos impetrantes ao acesso às informações constantes do processo, notadamente as relativas à pessoa do denunciante.** [...]" (STJ – MS: 19243 DF 2012/0207551-1, Relator: Ministra ELIANA CALMON, Data de Julgamento: 11/09/2013, S1 – PRIMEIRA SEÇÃO, Data de Publicação: DJe 20/09/2013)

► Esquematizando art. 23:

São passíveis de classificação as informações cuja divulgação ou acesso irrestrito possam gerar risco a:

- defesa e soberania nacionais ou a integridade do território nacional;
- negociações ou relações internacionais; ou a informações fornecidas em sigilo por outros Estados e organismos internacionais;
- vida, segurança ou saúde da população;
- estabilidade financeira, econômica ou monetária do País;
- planos ou operações das Forças Armadas;
- projetos de pesquisa e desenvolvimento científico ou tecnológico, inclusive sistemas, bens, instalações ou áreas de interesse estratégico nacional;
- segurança de instituições ou de altas autoridade e seus familiares;
- atividades de inteligência, investigação ou fiscalização em andamento.

Aplicação em concurso:

- *MANAUSPREV/Analista Previdenciário – Arquivologia/2015 – FCC*

  "Pela Lei de Acesso à Informação, de 2011, NÃO são passíveis de classificação, do ponto de vista da segurança da sociedade e do Estado, aquelas informações que:

  E) facilitam atividades de investigação ou fiscalização na prevenção ou repressão de infrações."

  Obs.: questão incorreta e que deve ser assinalada. O sigilo pode ser decretado quando o acesso a informações puder comprometer tais atividades e não facilitá-las (art. 23, VIII, da LAI).

- *TRT – 17ª Região (ES)/Analista Judiciário – Arquivologia/2013 – CESPE*

  "Julgue o item subsequente, acerca das políticas de acesso aos documentos de arquivo. No Brasil, o direito de acesso à informação não é extensivo às informações vinculadas às atividades de inteligência e investigação ou fiscalização em curso, relacionadas à repressão de infrações."

  Obs.: questão correta. O sigilo pode ser decretado nas hipóteses mencionadas (art. 23, VIII, da LAI).

Art. 24. A **informação** em poder dos órgãos e entidades públicas, observado o seu teor e em razão de sua **imprescindibilidade** à **segurança** da **sociedade** ou do **Estado, poderá** ser **classificada** como **ultrassecreta, secreta** ou **reservada.**

1. Classificação da informação como sigilosa

É fundamental que a autoridade competente aplique, quando for o caso, o grau adequado de sigilo buscando definir o interesse público da informação e utilizando o critério menos restritivo possível, pois uma das principais diretrizes da LAI é aquela que define a "transparência como regra e o sigilo como exceção".

Aplicação em concurso:

- *DETRAN-MT/Arquivologista/UFMT – 2015*

  "A respeito da Lei de Acesso à Informação, assinale a afirmativa INCORRETA.

  B) A informação em poder dos órgãos e entidades públicas, observado o seu teor e em razão de sua imprescindibilidade à segurança da sociedade ou do Estado, poderá ser classificada como ultrassecreta, secreta ou reservada."

  Obs.: questão correta e que não deve ser assinalada (art. 24, caput, da LAI).

§ 1º Os **prazos máximos** de **restrição** de **acesso** à informação, conforme a classificação prevista no caput, **vigoram** a **partir da data** de sua **produção** e são os seguintes:

I – **ultrassecreta**: **25** (vinte e cinco) **anos**;

II – **secreta**: **15** (quinze) **anos**; e

III – **reservada**: **5** (cinco) **anos**.

1. Graus de sigilo

Desde que se enquadre em alguma das hipóteses previstas no art. 23 da LAI, e desde que sejam observados os critérios e aspectos já mencionados, poderá a autoridade competente classificar a informação como ultrassecreta, secreta e reservada, com os prazos máximos de sigilo respectivos de 25, 15 e 5 anos.

Notaremos, ao estudarmos a seção IV do capítulo III da LAI (Dos Procedimentos de Classificação, Reclassificação e Desclassificação), que quanto maior for o grau de sigilo que se pretenda aplicar à informação, maior será o nível hierárquico da autoridade classificadora.

▶ **Esquematizando art. 24, § 1º:**

Grau de Sigilo das informações:	Prazo máximo de restrição de acesso:
ULTRASSECRETA	25 anos
SECRETA	15 anos
RESERVADA	5 anos

▶ **Atenção:** fique atendo quanto aos graus de sigilo e aos seus respectivos prazos.

Aplicação em concurso:

- *Câmara Legislativa do DF /Consultor Legislativo /2018 – FCC*

  "Segundo a Lei nº 12.527/2011, a informação em poder dos órgãos e entidades públicas, observado o seu teor e em razão de sua imprescindibilidade à segurança da sociedade ou do Estado, poderá ser classificada como ultrassecreta, secreta ou reservada. Os prazos máximos de restrição de acesso à informação, conforme tal classificação, vigoram a partir da data de sua produção e são os seguintes, respectivamente:

  D) 25, 15 e 5 anos."

  Obs.: afirmação correta (art. 24, § 1º, da LAI).

- *DPE-SP/Comunicação Social/2015 – FCC*

  "Segundo o Art. 24 da Lei nº 12.527 de 18 de novembro de 2011 (Lei de Acesso à Informação), a informação em poder dos órgãos e entidades públicas, observado o seu teor e em razão de sua imprescindibilidade à segurança da sociedade ou do Estado, poderá ser classificada como ultrassecreta, secreta ou reservada. O tempo máximo de restrição a uma informação classificada como secreta é de

  C) 15 anos."

  Obs.: alternativa correta (art. 24, § 1º, II, da LAI).

▶ **Observação:** outras provas que já cobraram o mesmo dispositivo. Como exemplo, temos:

- *Câmara de Salvador/Analista Legislativo- Área Financeira/2018 – FGV;*
- *UFSM/Auxiliar em Administração/2017 – UFSM;*
- *PGE-MT/Técnico – Técnico/2016 – PGE-MT;*
- *DETRAN-MT/Arquivologista/2015 – UFMT;*
- *MPOG/Analista Técnico de Políticas Sociais/2012 – ESAF;*
- *Etc.*

§ 2º As **informações** que puderem **colocar** em **risco** a **segurança** do **Presidente** e **Vice-Presidente** da **República** e **respectivos cônjuges** e **filhos** (as) **serão** classificadas como **reservadas** e **ficarão sob sigilo até** o **término** do **mandato** em exercício ou do último mandato, em caso de reeleição.

1. Informações que podem colocar em risco a segurança do Presidente e Vice-Presidente da República e seus respectivos cônjuges e filhos

É natural que o Presidente da República, na qualidade de Chefe de Estado e de Governo, como condutor dos assuntos políticos de interesse da nação, tenha uma proteção especial em relação às informações que puderem colocar em risco sua segurança, estendida tal proteção ao Vice-Presidente da República e aos respectivos cônjuges e filhos.

Aplicação em concurso:

- *UFRB/Secretário executivo/2015 – FUNRIO*

  "Com o advento da tecnologia da informação e a ampla disseminação do conhecimento pela internet, fez-se necessário criar mecanismos de controle ao acesso e a divulgação das informações dos órgãos e entidades públicas, de modo a protegê-las contra perda, alteração indevida, transmissão e divulgação não autorizadas. A Lei 12.527/2011 regulamenta o acesso à informação e garante a sua integridade exigindo do profissional de secretariado habilidades especificas no seu trato/manuseio.

Sobre o enunciado, assinale a ÚNICA ALTERNATIVA INCORRETA sobre a Lei de acesso e manuseio das informações:

D) Recomenda que as informações que puderem colocar em risco a segurança do Presidente e Vice-Presidente da República e respectivos cônjuges e filhos(as) serão classificadas como reservadas e ficarão sob sigilo até o término do mandato em exercício ou do último mandato."

Obs.: a afirmação está correta, de acordo com a literalidade do artigo 24, § 2º, da LAI.

- *BNDES/Profissional Básico – Arquivologia/2013 – CESGRANRIO*

"De acordo com a legislação atual, as informações que puderem colocar em risco a segurança do Presidente e do Vice-Presidente da República, e de seus respectivos cônjuges e filhos, são classificadas como reservadas e ficarão sob sigilo até o

D) término do último mandato."

Obs.: assertiva correta. Tais informações serão classificadas como reservadas e ficarão sob sigilo até o término do mandato em exercício ou do último mandato, em caso de reeleição (art. 24, § 2º, da LAI).

§ 3º Alternativamente aos prazos previstos no § 1º, **poderá ser estabelecida como termo final de restrição de acesso a ocorrência de determinado evento**, desde que este ocorra antes do transcurso do prazo máximo de classificação.

1. Evento como termo final de restrição de acesso

Buscando o legislador evitar restrições desnecessárias ao acesso a informações e garantir a "transparência como regra e o como sigilo a exceção", admite a possibilidade de ser fixada, como termo final de restrição de acesso, a ocorrência de certo evento e desde que este ocorra antes do transcurso do prazo máximo de classificação.

▶ **Atenção:** dispositivo pouco explorado pelas bancas.

Aplicação em concurso:

- *CRP – 2ª Região (PE)/Psicólogo Orientador – Fiscal/2018 – Quadrix*

"Segundo a Lei nº 12.527/2011, a informação em poder dos órgãos e das entidades públicas, observado seu teor e em razão de sua imprescindibilidade à segurança da sociedade ou do Estado, poderá ser classificada como ultrassecreta, secreta ou reservada. Os prazos máximos de restrição de acesso à informação, conforme tal classificação, vigoram a partir da data de sua produção e são os seguintes: ultrassecreta: 25 anos; secreta: quinze anos; e reservada: cinco anos. A respeito desse assunto, julgue os itens subsequentes:

II. Alternativamente aos prazos previstos nesta Lei, poderá ser estabelecida como termo final de restrição de acesso a ocorrência de determinado evento, desde que este ocorra antes do transcurso do prazo máximo de classificação."

Obs.: assertiva correta. (art. 24, § 3º, da LAI).

§ 4º **Transcorrido o prazo** de classificação ou consumado o evento que defina o seu termo final, **a informação tornar-se-á, automaticamente, de acesso público.**

1. Acesso público automático da informação sigilosa

Tal dispositivo deixa claro que, exaurindo o prazo de classificação ou consumado o evento que defina o seu fim, a informação se torna automaticamente de acesso público, independentemente de provocação e de qualquer ato formal do Estado.

Aplicação em concurso:

- *ABIN/Oficial Técnico de Inteligência – Área 10/2018 – CESPE*

  "Com base na legislação que trata do acesso a documentos, julgue o item seguinte. Transcorrido o prazo de classificação dos documentos ou consumado o evento que defina o seu termo final, a informação tornar-se-á, automaticamente, de acesso público."

  Obs.: afirmação verdadeira (art. 24, § 4º, da LAI).

- *UFMG/Técnico em Arquivo/2018/UFMG*

  "No que se refere ao acesso à informação disposto na Lei Federal 12.527 de 2011, é CORRETO afirmar que

  D) transcorrido o prazo de classificação, o documento sigiloso não poderá ser acessado."

  Obs.: afirmação falsa. Transcorrido o prazo de classificação a informação tornar-se-á, automaticamente, de acesso público (art. 24, § 4º, da LAI).

§ 5º Para a **classificação** da informação em **determinado grau** de **sigilo**, deverá **ser observado** o **interesse público** da informação e **utilizado** o **critério menos restritivo possível**, considerados:

I – a **gravidade** do risco ou dano **à segurança da sociedade** e **do Estado**; e

II – o **prazo máximo de restrição** de acesso **ou** o **evento** que **defina** seu **termo final**.

1. Aspectos a serem observados para a definição do grau de sigilo

Analisando o disposto, podemos notar que existe uma "discricionariedade condicionada" a ser observada pela autoridade competente quando da classificação da informação em determinado grau de sigilo.

Para isso, alguns aspectos devem ser observados: o teor da informação, sua imprescindibilidade à segurança da sociedade ou do Estado, utilização do critério menos restritivo possível, a gravidade do risco ou dano à segurança da sociedade e do Estado e o prazo máximo de classificação em grau de sigilo ou o evento que defina seu termo final.

Desta forma, busca o legislador alcançar a exata medida de sigilo, em respeito aos Princípios da Razoabilidade e da Proporcionalidade.

Aplicação em concurso:

- *CRP – 2ª Região (PE)/Psicólogo/2018 – Quadrix*

  "Segundo a Lei nº 12.527/2011, a informação em poder dos órgãos e das entidades públicas, observado seu teor e em razão de sua imprescindibilidade à segurança da sociedade ou do Estado, poderá ser classificada como ultrassecreta, secreta ou reservada. Os prazos máximos de restrição de acesso à informação, conforme tal classificação, vigoram a partir da data de sua produção e são os seguintes: ultrassecreta: 25 anos; secreta: quinze anos; e reservada: cinco anos. A respeito desse assunto, julgue os itens subsequentes.

  IV. Para a classificação da informação em determinado grau de sigilo, deverá ser observado o interesse público da informação e utilizado o critério menos restritivo possível, considerados: a gravidade do risco ou dano à segurança da sociedade e do Estado; e o prazo máximo de restrição de acesso ou o evento que defina seu termo final."

  Obs.: afirmação verdadeira (art. 24, § 5º, I e II, da LAI).

- *UFO-MG/Arquivista/2018/UFO-MG*

  "De acordo com o Decreto Federal nº 7.724 de 16 de maio de 2012 e sobre as informações classificadas em sigilo, assinale a alternativa correta.

  D) para a classificação da informação em grau de sigilo, deverá ser observado o interesse público da informação e utilizado o critério mais restritivo possível."

Obs.: afirmação falsa. O art. 27, caput, do Decreto nº 7724/12 que corresponde literalmente ao art. 24, § 5º, da LAI, prevê: "para a classificação da informação em determinado grau de sigilo, deverá ser observado o interesse público da informação e utilizado o critério MENOS restritivo possível.

Seção III
Da Proteção e do Controle de Informações Sigilosas

Art. 25. É **dever** do **Estado controlar** o **acesso** e a **divulgação** de **informações sigilosas** produzidas por seus órgãos e entidades, **assegurando** a sua **proteção**.

1. Informações Sigilosas: controle e proteção do Estado

Conforme já visto, informações sigilosas são aquelas consideradas imprescindíveis à segurança da sociedade ou do Estado e, nesse cenário, determina o legislador que o Estado as proteja, controlando o acesso e a divulgação de tais dados.

Aplicação em concurso:

- *TRF – 2ª REGIÃO/Analista Judiciário – Arquivologia/CONSULPLAN – 2017*

  "A Lei Nº 12.527/2011 regulamenta o direito constitucional de acesso às informações públicas. Essa norma entrou em vigor em 16 de maio de 2012 e criou mecanismos que possibilitam, a qualquer pessoa, física ou jurídica, sem necessidade de apresentar motivo, o recebimento de informações públicas dos órgãos e entidades. Em relação à Lei de Acesso à Informação, assinale a alternativa INCORRETA.

  A) O Estado deverá controlar o acesso e a divulgação de informações sigilosas produzidas por seus órgãos."

  Obs.: afirmação correta e que não deveria ser assinalada (art. 25, "caput", da LAI).

- *UFRB/Secretário executivo/2015 – FUNRIO*

  "Com o advento da tecnologia da informação e a ampla disseminação do conhecimento pela internet, fez-se necessário criar mecanismos de controle ao acesso e a divulgação das informações dos órgãos e entidades públicas, de modo a protegê-las contra perda, alteração indevida, transmissão e divulgação não autorizadas. A Lei 12.527/2011 regulamenta o acesso à informação e garante a sua integridade exigindo do profissional de secretariado habilidades especificas no seu trato/manuseio. Sobre o enunciado, assinale a ÚNICA ALTERNATIVA INCORRETA sobre a Lei de acesso e manuseio das informações:

D) informa que é dever do Estado controlar o acesso e a divulgação de informações sigilosas produzidas por seus órgãos e entidades, assegurando a sua proteção."

Obs.: assertiva correta e que mais uma vez não deve ser assinalada, visto que a banca busca a afirmação falsa (art. 25, "caput", da LAI).

§ 1º O **acesso**, a **divulgação** e o **tratamento** de **informação** classificada como **sigilosa** ficarão **restritos** a **pessoas** que tenham **necessidade** de **conhecê**-la **e** que sejam devidamente **credenciadas** na forma do regulamento, **sem prejuízo** das atribuições **dos agentes públicos autorizados por lei**.

1. Restrição ao acesso e ao tratamento de informação classificada como sigilosa

Uma das formas de proteger as informações secretas é justamente controlar e restringir o acesso de agentes públicos a tais dados, desenvolvendo mecanismos que possibilitem o cadastro e a identificação dos servidores autorizados por lei a acessarem as informações confidenciais.

Nessa toada, estabelece o art. 43 do Decreto nº 7724/12:

> "O acesso, a divulgação e o tratamento de informação classificada em qualquer grau de sigilo ficarão restritos a pessoas que tenham necessidade de conhecê-la e que sejam credenciadas segundo as normas fixadas pelo Núcleo de Segurança e Credenciamento, instituído no âmbito do Gabinete de Segurança Institucional da Presidência da República, sem prejuízo das atribuições de agentes públicos autorizados por lei".

▶ **Atenção:** nas questões sobre o referido dispositivo as bancas geralmente cobram a literalidade da lei.

Aplicação em concurso:

- *IPHAN/Técnico I – Área 2/2018 – CESPE:*

  "Segundo dispositivo da Lei nº 12.527/2011, informação classificada como sigilosa deve ficar restrita a pessoa devidamente credenciada que tenha necessidade de conhecê-la."

  Obs.: afirmação correta (art. 25, §1º, da LAI).

- *UFSM/Engenheiro – Engenharia Civil/UFSM – 2017*

  "A Lei nº 12.527/2011 dispõe sobre os procedimentos a serem observados pela União, Estados, Distrito Federal e Municípios, com o fim de garantir o acesso a informações conforme previsto na Constituição Federal de 1988. A partir dos preceitos da referida legislação, assinale a alternativa INCORRETA.

E) O acesso, a divulgação e o tratamento de informação classificada como sigilosa ficarão restritos a pessoas que tenham necessidade de conhecê-la e que sejam devidamente credenciadas, sem prejuízo das atribuições dos agentes públicos autorizados por lei."

Obs.: afirmação correta e nos exatos termos do art. 25, §1º, da LAI.

▶ **Observação:** outras provas que já cobraram o mesmo dispositivo:

- *CONTER/Auxiliar Administrativo – CRTR/2017 – Quadrix;*
- *ILSL/Enfermeiro/2013 – BFC;*
- *Etc.*

§ 2º O acesso à **informação** classificada como **sigilosa** cria a **obrigação para aquele que a obteve de resguardar o sigilo.**

1. O dever de sigilo quanto a informação confidencial

Uma decorrência obrigatória do dever estatal de proteção a dados secretos é a obrigação do agente público responsável pela classificação e tratamento da informação de não devassar sua confidencialidade.

A não observância de tal dever de sigilo por aquele que obtém a informação secreta poderá acarretar consequências em vários campos. Nesse diapasão, temos a própria LAI, em seu art. 32, IV, estabelecendo:

> "Constituem condutas ilícitas que ensejam responsabilidade do agente público ou militar:
>
> [...]
>
> IV – divulgar ou permitir a divulgação ou acessar ou permitir acesso indevido à informação sigilosa ou informação pessoal".

Igualmente, oportuno lembrar o disposto no art. 325 do Código Penal (Decreto-Lei nº 2848/40), onde tipifica tal ato como crime:

> "Revelar fato de que tem ciência em razão do cargo e que deva permanecer em segredo, ou facilitar-lhe a revelação: Pena – detenção, de seis meses a dois anos, ou multa, se o fato não constitui crime mais grave".

Aplicação em concurso:

- *TRF – 2ª REGIÃO/Analista Judiciário – Arquivologia/2017 – CONSULPLAN*

  "A Lei nº 12.527/2011 regulamenta o direito constitucional de acesso às informações públicas. Essa norma entrou em vigor em 16 de maio de 2012 e criou mecanismos que possibilitam, a qualquer pessoa, física ou jurídica, sem necessidade de apresentar motivo, o recebimento de informações públicas dos órgãos e entidades. (Disponível em http://www.acessoainformacao.gov.br/assuntos/conheca-seu-direito/a-lei-de-acesso-a-informacao.) Em relação à Lei de Acesso à Informação, assinale a alternativa INCORRETA.

  B) O acesso à informação classificada como sigilosa cria a obrigação para aquele que a obteve de resguardar o sigilo."

  Obs.: afirmação correta (art. 25, §2º, da LAI).

- *TJ-SC/Juiz Substituto/FCC – 2015*

  "Vigora no Brasil, disciplinando o direito constitucional de acesso à informação, a Lei nº 12.527/11. É ideia ESTRANHA ao regime dessa lei a

  A) criação, pelo acesso à informação classificada como sigilosa, da obrigação para aquele que a obteve de resguardar o sigilo."

  Obs.: afirmação correta e de acordo com o art. 25, §2º, da LAI.

§ 3º Regulamento disporá sobre **procedimentos** e **medidas** a serem **adotados para** o **tratamento** de **informação sigilosa**, de modo a **protegê-la contra perda**, **alteração** indevida, **acesso**, **transmissão** e **divulgação não autorizados**.

1. Proteção e tratamento de informação sigilosa

Dispõe o legislador que a Administração Pública, no uso de seu poder regulamentar, edite ato normativo derivado (regulamento) e minudencie os "procedimentos e medidas a serem adotados para o tratamento de informação sigilosa, de modo a protegê-la contra perda, alteração indevida, acesso, transmissão e divulgação não autorizados".

Nesse contexto, como exemplo de norma regulamentadora temos o já conhecido Decreto nº 7724/12 que, nas seções II e III do capítulo V, detalha todo o procedimento para classificação e desclassificação de informação.

Atenção: tal dispositivo ainda não foi objeto de prova.

Art. 26. As **autoridades** públicas **adotarão** as **providências** necessárias **para** que o **pessoal** a elas **subordinado hierarquicamente conheça** as **normas** e **observe** as **medidas** e **procedimentos** de **segurança** para **tratamento** de **informações sigilosas**.

1. A incumbência da autoridade de informar seus subordinados sobre as normas de segurança para tratamento de informações sigilosas

Uma das decorrências do poder hierárquico da Administração Pública é o dever que o agente público de hierarquia superior tem de orientar seus subordinados. Nesse quadro, determina a LAI que sejam adotadas medidas idôneas para que o agente público subordinado saiba quais são as normas e os procedimentos de segurança necessários para tratamento de informações sigilosas.

▶ **Atenção:** tal dispositivo ainda não foi cobrado em concurso.

Parágrafo único. A **pessoa física** ou **entidade privada** que, em razão **de** qualquer **vínculo com** o **poder público**, executar atividades de tratamento de informações sigilosas **adotará** as **providências** necessárias **para** que seus **empregados**, **prepostos** ou **representantes observem** as **medidas** e **procedimentos** de **segurança das informações resultantes** da aplicação **desta Lei**.

1. A execução de atividades de tratamento de informações sigilosas por particulares

Inúmeras são as atividades que envolvem o tratamento de informações sigilosas: produção, recepção, classificação, utilização, acesso, reprodução, transporte, transmissão, distribuição, arquivamento, armazenamento, eliminação, avaliação, destinação ou controle da informação.

Todavia, nem sempre o Estado possuirá a estrutura necessária para desenvolver a contento todas as atividades em questão, necessitando, em alguns casos, do amparo de instituições privadas especializadas.

Da mesma forma que as autoridades públicas devem difundir entre os seus subordinados as normas e os procedimentos de segurança para tratamento de informações sigilosas, os particulares, similarmente, devem fazer com que tais informações cheguem aos seus empregados, prepostos ou representantes.

Aplicação em concurso:

- *CONTER/Auxiliar Administrativo CRTR/2017 – Quadrix*

"Considerando as diretrizes definidas no Decreto nº 7.724/12, leia as seguintes afirmativas.

II. A pessoa natural ou entidade privada que, em razão de qualquer vínculo com o Poder Público, executar atividades de tratamento de informações classificadas, adotará as providências necessárias para que seus empregados, prepostos ou representantes observem as medidas e os procedimentos de segurança das informações".

Obs.: a afirmação está correta conforme art. 44, p. ú, do Decreto nº 7724/12 e art. 26, p. ú, da LAI.

Seção IV
Dos Procedimentos de Classificação, Reclassificação e Desclassificação

Art. 27. A **classificação** do **sigilo** de informações no **âmbito** da **administração pública federal** é de **competência**:

1. Regulamentação dos procedimentos de classificação, reclassificação e desclassificação

Os procedimentos de classificação, reclassificação e desclassificação de informações, no âmbito do Poder Executivo da União, são minudenciados por dois decretos federais: o Decreto nº 7724/12, capítulo V, seções II e III, e o Decreto nº 7.845/12, que, similarmente, regulamenta os procedimentos para credenciamento de segurança e tratamento de informação classificada em qualquer grau de sigilo, e dispõe sobre o Núcleo de Segurança e Credenciamento.

2. Autoridades competentes para a classificação de informações sigilosas no âmbito da Administração Pública Federal

Com o disposto, estabeleceu o legislador a competência para a classificação de informações sigilosas, deixando claro que quanto mais elevado for o grau de sigilo que se pretenda aplicar à informação, maior será o nível hierárquico da autoridade classificadora; portanto, consequentemente, menor será o número de agentes públicos que poderão decretar a confidencialidade da informação.

Vale mencionar que tal dispositivo somente se refere à Administração Pública do Poder Executivo Federal, cabendo aos demais Poderes e aos demais níveis de administração, em suas esferas, definir tais incumbências.

I – no **grau de ultrassecreto**, das seguintes autoridades:

a) Presidente da República;

b) Vice-Presidente da República;

c) Ministros de Estado e autoridades com as mesmas prerrogativas;

d) Comandantes da Marinha, do Exército e da Aeronáutica; e

e) Chefes de Missões Diplomáticas e Consulares permanentes no exterior.

1. Autoridades competentes para classificar informações como ultrassecretas

Já verificamos que o prazo máximo de restrição da informação classificada como ultrassecreta é de 25 (vinte e cinco) anos e, conforme o dispositivo ora em comento, somente os agentes políticos poderão classificar a informação no grau mais extremo de sigilo. Consoante doutrina administrativista, são considerados agentes políticos aqueles que integram o mais alto de alto escalão de poder, agindo com independência funcional e manifestando a vontade política do Estado.

Atenção: geralmente as questões sobre o tema "misturam" nas alternativas autoridades competentes e incompetentes para decretar o sigilo de acordo com o respectivo grau.

Aplicação em concurso:

- *UFU-MG/Assistente em Administração/2016 – UFU-MG*

  "A Lei Federal nº 12.527, de 18 de novembro de 2011, define as autoridades competentes para a classificação do sigilo de informações no grau ultrassecreto, no âmbito da Administração Pública Federal. São elas:

  B) Presidente da República; Vice-Presidente da República; Ministros de Estado e autoridades com as mesmas prerrogativas; Comandantes da Marinha, do Exército e da Aeronáutica; Chefes de Missões Diplomáticas e Consulares permanentes no exterior."

  Obs.: afirmação correta (art. 27, I, da LAI).

- *ILSL/Técnico de Enfermagem/IBFC -: 2013*

  "Considerando a Lei Federal nº 12.527/2011 e Decreto Estadual nº 58052/2012, a classificação do sigilo de informações no âmbito da Administração Pública Federal é de competência, no grau de ultrassecreto, das autoridades, exceto:

A) Chefes de autarquias, fundações ou empresas públicas e sociedades de economia mista."

Obs.: afirmação correta. Os chefes de autarquias, fundações ou empresas públicas e sociedades de economia mista têm competência para classificar as informações no máximo como secretas (art. 27, II, da LAI).

II – no **grau** de **secreto**, das **autoridades referidas** no **inciso I**, dos **titulares de autarquias**, **fundações** ou **empresas públicas** e **sociedades de economia mista**; e

1. Competência legal para classificar informações como secretas

Conforme disposto no art. 24, II, da LAI, a informação classificada como secreta terá seu acesso restrito pelo prazo máximo de 15 anos e, partindo do pressuposto de "quem pode mais, pode menos", é natural que as mesmas autoridades que tenham competência para classificar os dados como ultrassecretos, da mesma forma, possam classificá-los em um grau menor de sigilo, isto é, como secretos.

Além destas autoridades, alguns agentes públicos de menor hierarquia, igualmente, têm a incumbência de classificar uma informação como secreta: titulares de autarquias, fundações ou empresas públicas e sociedades de economia mista. Não podemos nos esquecer que tais entidades integram a Administração Pública Indireta, possuindo autonomia financeira e administrativa e executando atividades descentralizadas e especializadas.

Aplicação em concurso:

- *UFBA/Técnico em Segurança do Trabalho/2018 – INSTITUTO AOCP:*

  "A Lei nº 12.527/2011, denominada Lei da Transparência, é um instrumento fundamental para o exercício do controle social, indispensável para o exercício da democracia. A respeito dessa lei, julgue, como CERTO ou ERRADO, o item a seguir. Os titulares de autarquias têm competência para classificação do sigilo de informações, no âmbito da Administração Pública Federal, no grau de secreto."

  Obs.: afirmação correta (art. 27, II, da LAI). Notem que a questão não traz a expressão taxativa "somente", o que a tornaria incorreta. Outras autoridades, além da mencionada, têm a mesma competência para tal classificação.

III – no **grau** de **reservado**, das **autoridades referidas** nos **incisos I** e **II** e das **que exerçam** funções de **direção**, **comando** ou **chefia**, **nível DAS 101.5, ou superior**, **do Grupo-Direção e Assessoramento Superiores**, **ou** de **hierarquia equivalente**, **de acordo com regulamentação** específica **de cada órgão** ou **entidade**, observado o disposto nesta lei.

1. Agentes públicos competentes para classificar informações como secretas

Oportuno relembrar que a informação, tendo sido classificada como reservada, ficará inacessível pelo prazo máximo de 05 (cinco) anos e, conforme ocorre no caso da classificação da informação secreta, as mesmas autoridades que tenham competência para classificar os dados como ultrassecretos e secretos poderão classificá-los como reservados.

O legislador similarmente estende tal competência aos seguintes agentes públicos: os que exerçam funções de direção, comando ou chefia, nível DAS 101.5, ou superior, do Grupo-Direção e Assessoramento Superiores, ou de hierarquia equivalente, de acordo com regulamentação específica de cada órgão ou entidade, observado o disposto nesta lei.

Os cargos em comissão são aqueles de livre nomeação e livre exoneração, destinados apenas às atribuições de direção, chefia e assessoramento, podendo ser ocupados tanto por quem já preenche cargo efetivo (permanente), quanto por aqueles que não possuam nenhum vínculo com a Administração Pública e, além disso, determinou o constituinte que um percentual mínimo desses cargos seja obrigatoriamente ocupado por servidores efetivos de carreira[42].

No âmbito do Poder Executivo Federal, temos o "Grupo – Direção e Assessoramento Superiores", designado pelo código "DAS", compreendendo os cargos de provimento em comissão a que sejam inerentes atividades de planejamento, orientação, coordenação e controle, no mais alto nível da hierarquia administrativa dos órgãos da administração Federal direta das Autarquias federais, com vistas a formulação de programas, normas e critérios que deverão ser observados pelos demais escalões hierárquicos[43].

Existem vários níveis de escalonamento no grupo "DAS": partindo do nível "DAS 102 1" (nível mais baixo), chegando até o nível "DAS 101 6" (nível mais elevado).

Consoante o art. 24, III, da LAI, terão competência para classificar as informações como reservadas, além das autoridades referidas nos incisos I e II, aqueles que exerçam funções DAS 101.5, ou superior (DAS 101 6), ou de hierarquia equivalente.

---

42. Art. 37, V, da CF/88 – V – as funções de confiança, exercidas exclusivamente por servidores ocupantes de cargo efetivo, e os cargos em comissão, a serem preenchidos por servidores de carreira nos casos, condições e percentuais mínimos previstos em lei, destinam-se apenas às atribuições de direção, chefia e assessoramento.
43. Art. 1º do Decreto nº 71.235, de 10 de outubro de 1972.

▶ Esquematizando art. 27:

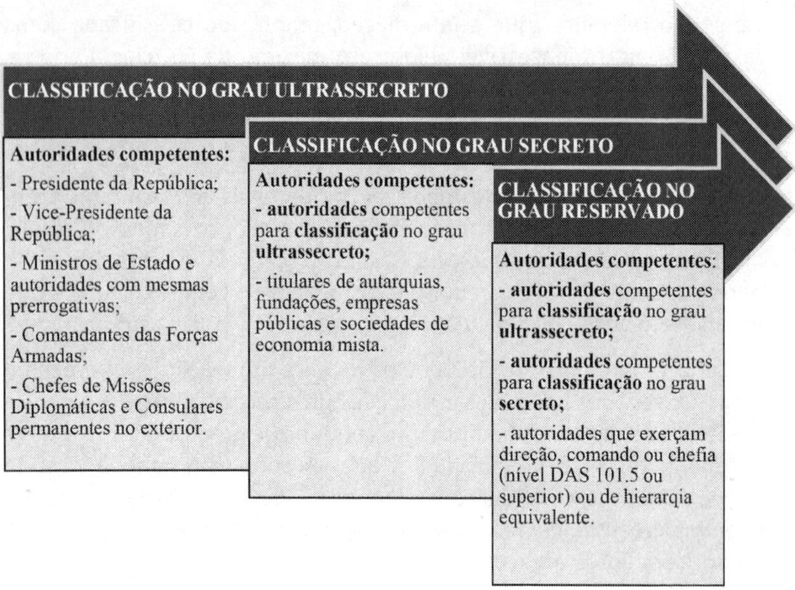

Aplicação em concurso:

- *CHS/Enfermeiro/2014 – CETRO*

  "A classificação do sigilo de informações no âmbito da Administração Pública Federal é de competência, no grau de ultrassecreto."

  E) de autoridades que exerçam funções de direção, comando ou chefia, nível DAS 101.5, ou superior, do Grupo-Direção e Assessoramento Superiores, ou de hierarquia equivalente, de acordo com regulamentação específica de cada órgão ou entidade, observado o disposto na lei de acesso à informação."

  Obs.: afirmação incorreta. A classificação do sigilo de informações no grau de ultrassecreto é de competência do Presidente da República, Vice-Presidente da República, Ministros de Estado e autoridades com as mesmas prerrogativas, Comandantes da Marinha, do Exército e da Aeronáutica e Chefes de Missões Diplomáticas e Consulares permanentes no exterior (art. 27, I, da LAI).

- *PC-SP/Auxiliar de Papiloscopista Policial/2013 – VUNESP*

  "Com relação à Lei nº 12.527/2011, que regula o acesso a informações previsto no inciso XXXIII do art. 5º, no inciso II do § 3º do art. 37 e no § 2º do art. 216 da Constituição Federal, é correto afirmar que:

E) a classificação do sigilo de informações no grau de ultrassecreto é de competência de todas as autoridades que exerçam funções de direção, comando ou chefia."

Obs.: afirmação incorreta. A classificação do sigilo de informações no grau de ultrassecreto é de competência das autoridades referidas nos art. 27, I, da LAI. Mesmo que a banca mencionasse "informações reservadas" estaria incorreta a questão, visto que nem todas as autoridades que exerçam funções de direção, comando ou chefia têm a competência pata tal classificação, somente terão aquelas que exerçam funções de direção, comando ou chefia, nível DAS 101.5, ou superior, do Grupo-Direção e Assessoramento Superiores, ou de hierarquia equivalente.

§ 1º A competência prevista nos incisos I e II, no que se refere à **classificação como ultrassecreta e secreta, poderá ser delegada** pela autoridade responsável a agente público, inclusive em missão no exterior, **vedada a subdelegação.**

1. Possibilidade de delegação da competência para classificação de informações ultrassecretas e secretas

No dispositivo, estabelece o legislador que a competência para a classificação de informações ultrassecretas e secretas poderá ser delegada pela autoridade responsável a agente público, inclusive em missão no exterior, sendo vedada a subdelegação.

A delegação de competência nada mais é do que a ampliação da incumbência legal a outros agentes, na busca de mais de eficiência na gestão da coisa pública. Nesse cenário, estabelece ao art. 12 da Lei nº 9784/99 (Lei do Processo Administrativo Federal):

> "Um órgão administrativo e seu titular poderão, se não houver impedimento legal, delegar parte da sua competência a outros órgãos ou titulares, ainda que estes não lhe sejam hierarquicamente subordinados, quando for conveniente, em razão de circunstâncias de índole técnica, social, econômica, jurídica ou territorial".

Por mais que o legislador admita a delegação nos casos mencionados, são vedadas, estranhamente, no âmbito do Poder Executivo Federal, conforme preconizado pelo art. 30, § 1º, do Decreto nº 7724/12:

> "É vedada a delegação da competência de classificação nos graus de sigilo ultrassecreto ou secreto".

Para muitos, o mencionado Decreto, ao proibir tais delegações, estaria exorbitando o poder regulamentar da Administração Pública, visto que sendo um ato infralegal jamais poderia contrariar a lei[44], no máximo minudenciá-la.

Seguindo o mandamento legal e, em suas palavras, "buscando desburocratizar", no dia 24 de janeiro de 2019, o Presidente da República em exercício Antônio Hamilton Martins Mourão publica o Decreto nº 9690/19 regulamentando o art. 27, § 1º, da LAI e permitindo a delegação da competência de classificação no grau ultrassecreto, secreto e reservado a agentes públicos de menor hierarquia.

Muitas críticas foram feitas a tal regulamento no sentindo de que "as alterações seriam contrárias à transparência e à liberdade de informação"; e, após muita repercussão, o Presidente da República Jair Messias Bolsonaro, no dia 27 de fevereiro de 2019, publica o Decreto nº 9716/19 revogando o anterior e confirmando a indelegabilidade da competência de classificação de informações sigilosas nos graus ultrassecreto ou secreto.

§ 2º A **classificação de informação no grau de sigilo ultrassecreto pelas autoridades previstas nas alíneas "d" e "e" do inciso I** deverá ser **ratificada** pelos respectivos **Ministros de Estado**, no **prazo previsto** em **regulamento**.

1. Ratificação por Ministros de Estado da classificação da informação ultrassecreta

Quando a classificação de informação no grau de sigilo ultrassecreto se der por Comandantes da Marinha, do Exército e da Aeronáutica e por Chefes de Missões Diplomáticas e Consulares permanentes no exterior, deverão ser ratificadas pelos respectivos Ministros de Estado, no prazo de 30 dias (art. 30, § 5º, do Decreto nº 7724/12).

§ 3º A **autoridade ou** outro **agente público** que **classificar** informação **como ultrassecreta** deverá **encaminhar** a **decisão** de que trata o art. 28 **à Comissão Mista de Reavaliação de Informações**, a que se refere o art. 35, no **prazo previsto** em **regulamento**.

1. Comunicação à CMRI

Sendo a informação sigilosa classificada como ultrassecreta deverá o agente classificador encaminhar tal decisão no prazo de 30 dias à CMRI

44. Art. 49, CF/88: É da competência exclusiva do Congresso Nacional: [...] V – sustar os atos normativos do Poder Executivo que exorbitem do poder regulamentar ou dos limites de delegação legislativa.

(Comissão Mista de Reavaliação de Informações); indicando o assunto sobre o qual versa a informação, o fundamento da classificação, o prazo de sigilo e a identificação da autoridade que a classificou (art. 28 da LAI)[45].

> **Art. 28.** A **classificação** de informação em **qualquer grau** de **sigilo** deverá **ser formalizada** em decisão que conterá, **no mínimo**, os **seguintes elementos**:
>
> **I - assunto** sobre o qual versa a informação;
>
> **II - fundamento da classificação**, observados os critérios estabelecidos no art. 24;
>
> **III - indicação do prazo de sigilo**, contado em anos, meses ou dias, ou do evento que defina o seu termo final, conforme limites previstos no art. 24; e
>
> **IV - identificação da autoridade** que a **classificou**.
>
> **Parágrafo único.** A **decisão** referida no caput será **mantida** no **mesmo grau** de **sigilo da informação classificada**.

1. Formalização da decisão de classificação de informações sigilosas

Buscando uma padronização no procedimento de classificação de informações sigilosas no âmbito da Administração Pública do Poder Executivo Federal, estabeleceu o legislador os elementos mínimos que deverão constar na decisão de classificação. Nesse sentido, estabelece o decreto nº 7724/12, em seu art. 31:

> "a decisão que classificar a informação em qualquer grau de sigilo deverá ser formalizada no Termo de Classificação de Informação – TCI, [...] e conterá o seguinte:
>
> I – código de indexação de documento;
>
> II – grau de sigilo;
>
> III – categoria na qual se enquadra a informação;
>
> IV – tipo de documento;
>
> V – data da produção do documento;
>
> VI – indicação de dispositivo legal que fundamenta a classificação;
>
> VII – razões da classificação, observados os critérios estabelecidos no art. 27;

---

45. Art. 32 do Decreto nº 7724/12: A autoridade ou outro agente público que classificar informação no grau ultrassecreto ou secreto deverá encaminhar cópia do TCI à Comissão Mista de Reavaliação de Informações no prazo de trinta dias, contado da decisão de classificação ou de ratificação.

VIII – indicação do prazo de sigilo, contado em anos, meses ou dias, ou do evento que defina o seu termo final, observados os limites previstos no art. 28;

IX – data da classificação; e

X – identificação da autoridade que classificou a informação".

► **Esquematizando art. 28:**

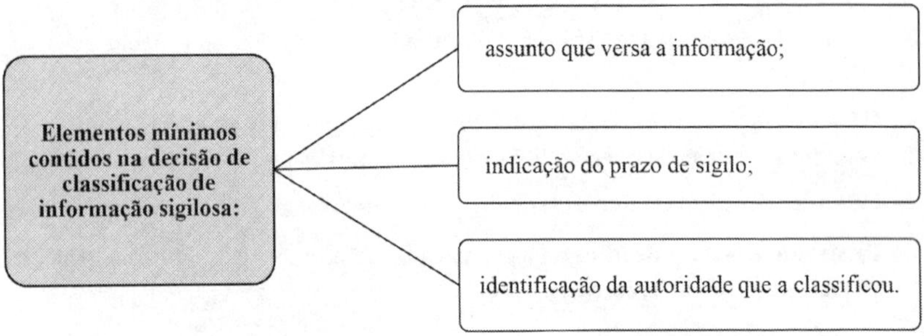

Art. 29. A **classificação** das informações será **reavaliada** pela **autoridade classificadora ou** por **autoridade hierarquicamente superior**, mediante provocação ou de ofício, nos termos e prazos previstos em regulamento, **com vistas** à sua **desclassificação ou** à **redução** do **prazo** de sigilo, observado o disposto no art. 24.

1. Reavaliação da informação classificada

Com intuito de evitar sigilos desnecessários, e sempre tendo em mente que a transparência é a regra e o sigilo a exceção, determinou o legislador que a classificação das informações seja reavaliada, periodicamente, mediante provocação ou de ofício, podendo acarretar sua desclassificação ou a redução do prazo de sigilo.

No âmbito do Poder Executivo da União, o procedimento de reavaliação da classificação é previsto em dois regulamentos: no Decreto nº 7.845/12 – que regulamenta os procedimentos para credenciamento de segurança e tratamento de informação classificada em qualquer grau de sigilo e dispõe sobre o Núcleo de Segurança e Credenciamento – e o Decreto nº 7724/12, que em seus artigos 36 e 37 determina:

> "Art. 36. O pedido de desclassificação ou de reavaliação da classificação poderá ser apresentado aos órgãos e entidades independente de existir prévio pedido de acesso à informação.
>
> Parágrafo único. O pedido de que trata o caput será endereçado à autoridade classificadora, que decidirá no prazo de trinta dias.

> Art. 37. Negado o pedido de desclassificação ou de reavaliação pela autoridade classificadora, o requerente poderá apresentar recurso no prazo de dez dias, contado da ciência da negativa, ao Ministro de Estado ou à autoridade com as mesmas prerrogativas, que decidirá no prazo de trinta dias".

Como exemplo de reavaliação de informações de ofício temos art. 39 da LAI, onde é estabelecido que:

> "os órgãos e entidades públicas deverão proceder à reavaliação das informações classificadas como ultrassecretas e secretas no prazo máximo de 2 (dois) anos, contado do termo inicial de vigência desta Lei".

Aplicação em concurso:

- *CEPS-UFPA/Assistente em Administração/UNIFESSPA – 2018*

  "A licitação tem por finalidade propiciar igualdade de oportunidades entre aqueles que desejam contratar com a Administração Pública, nos padrões previamente definidos, sempre como importante fator de eficiência e moralidade nos negócios públicos.

  A Lei nº 8.666, de 21 de junho de 1983 regulamenta o art. 37, inciso XXI, da Constituição Federal, institui normas para licitações e contratos da Administração Pública e dá outras providências. Considerando o Capítulo II, que trata da Licitação da referida legislação, é correto afirmar que:

  A) a classificação das informações será reavaliada pela autoridade classificadora ou por autoridade hierarquicamente superior, mediante provocação ou de ofício, nos termos e prazos previstos em regulamento, com vistas à sua desclassificação ou à redução do prazo de sigilo, observado o disposto no art. 24."

  Obs.: afirmação incorreta. O único erro da assertiva é que ela se refere à LAI (Lei nº 12527/11) e não à Lei nº 8666/93 (Lei geral de licitações e contratos da Administração Pública) como menciona o enunciado.

§ 1º O **regulamento** a que se refere o caput **deverá considerar** as **peculiaridades** das **informações produzidas** no **exterior** por autoridades ou agentes públicos.

1. Reavaliação da informação classificada produzida no exterior

Estabelece o legislador que a Administração Pública, no uso de seu poder normativo, ao regulamentar a reavaliação das informações classificadas, considere as peculiaridades das informações produzidas no exterior, principalmente em respeito às regras de direito internacional.

§ 2º **Na reavaliação** a que se refere o caput, deverão **ser examinadas** a permanência dos **motivos** do **sigilo** e a **possibilidade** de **danos** decorrentes **do acesso** ou **da divulgação** da **informação**.

1. Cessação dos motivos que ensejaram a decretação do sigilo

Novamente, no intento de incutir a cultura da transparência na Administração Pública e evitar confidencialidades inócuas, determina a LAI que sejam, do mesmo modo, reavaliados os motivos que fundamentaram o sigilo; uma vez que não existam mais, não há razão para que o sigilo perdure.

§ 3º Na **hipótese de redução do prazo** de **sigilo** da informação, o **novo prazo** de **restrição manterá** como **termo inicial a data da sua produção.**

1. Redução do prazo de sigilo da informação

Se em decorrência da reavaliação da informação classificada houver a redução do prazo de sigilo, o novo prazo de restrição manterá como marco inicial a data da produção da informação, e não data da decisão que reavaliou a mesma.

Art. 30. A autoridade máxima de cada órgão ou entidade publicará, anualmente, em sítio à disposição na internet e destinado à veiculação de dados e informações administrativas, nos termos de regulamento:

I – rol das **informações** que tenham sido **desclassificadas nos últimos 12 (doze) meses;**

II – rol de **documentos classificados em cada grau de sigilo**, com identificação para referência futura;

III – **relatório estatístico** contendo a quantidade de **pedidos de informação recebidos, atendidos e indeferidos,** bem como **informações genéricas sobre os solicitantes.**

1. Publicação anual de informações

É sabido que a transparência ativa se refere ao dever que tem o Estado de dar publicidade a informações por ele produzidas ou custodiadas, independentemente de pedido. Reforçando tal dever, estabelece o legislador que a autoridade máxima de cada órgão ou entidade publique, anualmente, em sítio na internet alguns dados mínimos que viabilizarão o monitoramento do efetivo cumprimento da LAI.

Nesse diapasão, estabelece o art. 45 do Decreto nº 7724/12:

> "A autoridade máxima de cada órgão ou entidade publicará anualmente, até o dia 1° de junho, em sítio na Internet:
>
> I – rol das informações desclassificadas nos últimos doze meses;
>
> II – rol das informações classificadas em cada grau de sigilo, que deverá conter:
>
> a) código de indexação de documento;
>
> b) categoria na qual se enquadra a informação;
>
> c) indicação de dispositivo legal que fundamenta a classificação; e
>
> d) data da produção, data da classificação e prazo da classificação;
>
> III – relatório estatístico com a quantidade de pedidos de acesso à informação recebidos, atendidos e indeferidos; e
>
> IV – informações estatísticas agregadas dos requerentes. Parágrafo único. Os órgãos e entidades deverão manter em meio físico as informações previstas no caput, para consulta pública em suas sedes".

► Esquematizando art. 30:

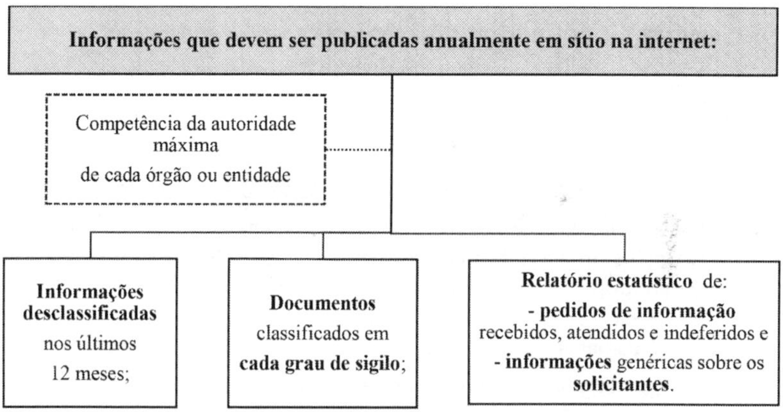

Seção V
Das Informações Pessoais

Art. 31. O tratamento das **informações pessoais** deve **ser** feito de forma **transparente e** com **respeito à intimidade, vida privada, honra e imagem das pessoas, bem como às liberdades e garantias individuais.**

1. A proteção de informações pessoais

Estabelece a LAI, em seu art. 4°, IV, que informação pessoal é aquela relacionada à pessoa natural identificada ou identificável e, conforme entendimento dos "civilistas", a pessoa natural ou pessoa física se refere ao indivíduo que é sujeito de direitos e obrigações.

Consoante Manual da Lei de Acesso à Informação para Estados e Municípios, da CGU, "em sua origem ocidental, o conceito de privacidade foi associado à ideia de 'estar só', de não ser incomodado (Warren e Brandeis, 1890). Atualmente, o direito à privacidade é objeto de restrições na medida em que cresceu a preocupação com a segurança e o combate ao terrorismo (Cohen, 2012). É considerado essencial, todavia, para a autodeterminação dos indivíduos, como elemento dos Direitos Humanos ou Fundamentais. O objeto do direito à privacidade seriam os comportamentos e os acontecimentos atinentes aos relacionamentos pessoais em geral, às relações comerciais e profissionais que o indivíduo não deseja que se espalhem ao conhecimento público; por conseguinte, o objeto jurídico protegido seriam as conversações e os episódios ainda mais íntimos, envolvendo relações familiares e amizades mais próximas[46]".

Por fim, cabe destacar que a regulamentação de tal proteção é prevista nos arts. 55 a 62 do Decreto nº 7.724/12.

► **Atenção:** são poucas as questões que versam sobre o *caput* do art. 31 da LAI. Quando questionado, é cobrado o texto de lei.

Aplicação em concurso:

- *Prefeitura de Portão – RS/Fiscal Tributário/2016 – LEGALLE Concursos*

  "De acordo com a Lei Federal nº 12.527/2011, analise a seguinte afirmativa. O tratamento das informações pessoais deve ser feito de forma transparente, (primeira parte) e com respeito à intimidade, vida privada, honra e imagem das pessoas, bem como às liberdades e garantias individuais (segunda parte).

  C) A primeira e a segunda partes estão corretas."

  Obs.: alternativa correta (art. 31, caput, da LAI).

► **Observação:** outros certames que já cobraram o mesmo dispositivo:

46. CONTROLADORIA-GERAL DA UNIÃO. **Manual da Lei de Acesso à Informação para Estados e Municípios.** 2013. Disponível em: <https://www.cgu.gov.br/Publicacoes/transparencia-publica/brasil-transparente/arquivos/manual_lai_estadosmunicipios.pdf>. Acesso em: 09 abril de 2019.

- *UFTM/Técnico em Anatomia e Necropsia/2018 – UFTM;*
- *ILSL/Enfermeiro – Enfermagem do Trabalho/2013 – IBFC;*
- *Etc.*

§ **1º** As **informações pessoais**, a que se refere este artigo, **relativas à intimidade, vida privada, honra e imagem:**

I – terão seu **acesso restrito, independentemente de classificação de sigilo** e pelo **prazo máximo de 100** (cem) **anos** a contar **da sua data de produção**, a **agentes públicos legalmente autorizados e à pessoa a que elas se referirem**;

1. Prazo máximo de restrição ao acesso de informações pessoais

As restrições às informações pessoais só se farão necessárias quando a divulgação irrestrita colocar em risco os direitos previstos no art. 5, X, da Constituição Cidadã; a saber: intimidade, vida privada, honra e imagem das pessoas.

Estabelece o legislador que tais informações terão seu acesso restrito, independentemente de sua classificação de sigilo, pelo prazo máximo de 100 (cem) anos a contar da sua data de produção, aos agentes públicos legalmente autorizados e à pessoa a que elas se referirem; sendo que aquele que utilizar tais informações de forma indevida será responsabilizado.

Complementando o tema, estabelece o art. 55 do Decreto nº 7724/12:

> "As informações pessoais relativas à intimidade, vida privada, honra e imagem detidas pelos órgãos e entidades:
>
> I – terão acesso restrito a agentes públicos legalmente autorizados e a pessoa a que se referirem, independentemente de classificação de sigilo, pelo prazo máximo de cem anos a contar da data de sua produção; e
>
> II – poderão ter sua divulgação ou acesso por terceiros autorizados por previsão legal ou consentimento expresso da pessoa a que se referirem.
>
> Parágrafo único. Caso o titular das informações pessoais esteja morto ou ausente, os direitos de que trata este artigo assistem ao cônjuge ou companheiro, aos descendentes ou ascendentes, conforme o disposto no parágrafo único do art. 20 da Lei nº 10.406, de 10 de janeiro de 2002, e na Lei nº 9.278, de 10 de maio de 1996".

► **Esquematizando art. 31, § 1º, inciso I:**

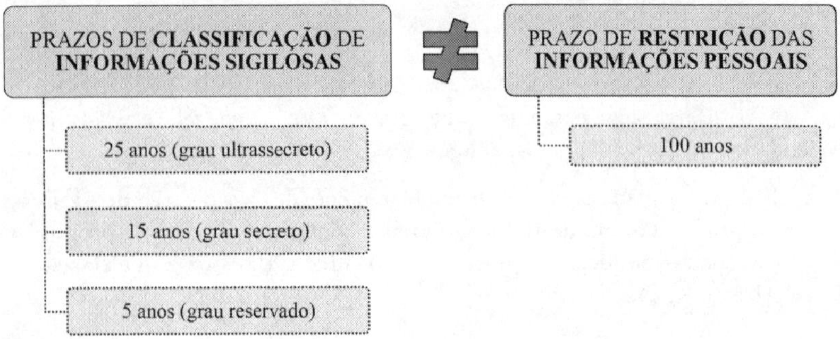

► **Atenção:** fique atento e não confunda os prazos de classificação das informações sigilosas (5 a 25 anos) com o prazo de restrição ao acesso das informações pessoais (100 anos).

Aplicação em concurso:

- *POLÍCIA CIENTÍFICA-PR/Perito Criminal – Área 1/2017 – IBFC*

  "Assinale a alternativa correta, considerando o disposto na Lei nº 12.527, de 18/11/2011, sobre restrição de acesso a informações pessoais, relativas à intimidade, vida privada, honra e imagem:

  A) Terão seu acesso público, desde que sejam objeto de classificação de sigilo, e pelo prazo máximo de 25 (vinte e cinco) anos a contar da sua data de publicação, a agentes públicos legalmente autorizados e à pessoa a que elas se referirem."

  Obs.: alternativa incorreta. O prazo de duração da restrição do acesso será de 100 (cem) anos (art. 31, § 1º, I, da LAI).

- *Município de Sorocaba SP/Procurador/ 2018 – VUNESP*

  "Em decorrência do funcionamento do Sistema Único de Saúde, é natural que em um Município sejam mantidos arquivos eletrônicos com informações sobre pacientes que frequentam as unidades de saúde municipais. Tais informações podem ter caráter cadastral (como endereço, telefone etc.) ou caráter médico (doenças, tratamentos, medicamentos, exames, diagnósticos etc.). Os dados dos pacientes mantidos em tais arquivos

  B) não poderão ser utilizados, em nenhuma hipótese, pelo prazo de 100 (cem) anos, independentemente de classificação de sigilo."

  Obs.: alternativa falsa (art. 31, § 1º, I, da LAI).

- *ABIN/ Agente/2018 – CESPE*

  "Com base na Lei de Acesso à Informação (Lei nº 12.527/2011), julgue o item a seguir.

  Se um documento de um órgão público contiver informações de uma pessoa referentes a sua intimidade e vida privada, o acesso a essas informações será restrito pelo prazo máximo de cem anos a contar de sua produção, independentemente de sua classificação de sigilo."

  Obs.: assertiva correta (art. 31, §º, I, da LAI).

- *SEPOG SP/ Controle e auditoria/ 2017 – VUNESP*

  "Grandes montadoras de veículos que atuam no Brasil solicitaram dados ao Departamento Nacional de Trânsito (Denatran) em função dos chamados "airbags mortais". As montadoras possuem apenas os dados da primeira pessoa que adquiriu o veículo, mas, nos casos em que este tenha sido vendido, precisam das informações atualizadas do dono atual para efetuar o recall do automóvel (recolhimento do produto para o conserto ou troca). Conforme comunicou o Denatran, após analisar a lei de acesso à informação (Lei n° 12.527/11), no caso dos "airbags mortais", existe risco à saúde ou à segurança do consumidor e, portanto, os dados serão divulgados às empresas solicitantes.

  Considerando a Lei n° 12.527/11 e suas diretrizes, assinale a alternativa que explica corretamente a análise mais cuidadosa por parte do Denatran.

  A) As informações pessoais não são públicas e terão seu acesso restrito, independentemente de classificação de sigilo."

  Obs.: alternativa correta e de acordo como art. 31, §º, I, da LAI. A forma pela qual o tema foi cobrado (caso problema) é incomum. Geralmente as questões sobre o tema versam sobre o prazo de duração da restrição do acesso.

Observação: outras provas que já cobraram o mesmo assunto:

- *CM Campo Limpo/ Procurador/ 2018 – VUNESP;*
- *TRE-BA/ Segurança Judiciária/ 2017 – CESPE;*
- *TRF 2ª Região/ Técnico Judiciário/ 2017 – CONSULPLAN;*
- *DPE-RR/ Sec. Exec/ 2015 – FCC;*
- *IPREV – Guarulhos/Agente Adm/ 2016 – VUNESP;*
- *IPREV – Guarulhos/Agente de Fiscalização/ 2016 – VUNESP;*
- *MPE SP/ Arquiteto/ 2016 – VUNESP;*
- *Etc.*

II – poderão ter autorizada sua divulgação ou acesso por terceiros diante de previsão legal ou consentimento expresso da pessoa a que elas se referirem.

1. Hipóteses de autorização da divulgação ou do acesso por terceiro da informação pessoal

Desde que exista previsão legal ou o consentimento expresso da pessoa a que se refira a informação pessoal, admite-se o acesso por terceiros ou a publicidade dos dados. Nessa perspectiva, vale salientar que se o titular das informações pessoais esteja morto ou ausente, a autorização cabe ao cônjuge ou companheiro, aos descendentes ou ascendentes (at. 55, p. ú do Decreto nº 7724/12).

▶ **Atenção:** nas questões sobre o tema, ora a banca afirmará que o acesso a informações pessoais não pode ser divulgado ou franqueado a terceiros e ora afirmará corretamente que pode. Algumas vezes, igualmente, afirmará incorretamente o examinador que tal divulgação ou acesso por terceiros não depende de autorização ou de lei expressa.

Aplicação em concurso:

- *UNICAMP/Profissional para Assuntos Administrativos/2019 – VUNESP*

  "Em relação ao que dispõe a Lei nº 12.527/2011 (Lei de Acesso à Informação), sobre as informações pessoais relativas a intimidade, vida privada, honra e imagem, é correto afirmar que

  B) não poderão ter autorizada a sua divulgação ou acesso por terceiros, mesmo que diante de previsão legal ou consentimento por escrito da pessoa a que elas se referirem."

  Obs.: assertiva incorreta. O que torna a afirmação falsa é a expressão "não", inserida indevidamente no início da frase pelo examinador (art. 31, § 1º, II, da LAI).

- *UFRJ – 2018/Analista de Tecnologia da Informação/2018 – UFRJ*

  "A Lei nº 12.527/2011 dispõe sobre os procedimentos a serem observados pela União, Estados, Distrito Federal e Municípios, com o fim de garantir o acesso a informações previsto na Constituição Federal de 1988. Sobre os procedimentos no tratamento das informações pessoais, relativas à intimidade, vida privada, honra e imagem, assinale a afirmativa correta.

  A) poderão ter autorizada sua divulgação ou acesso por terceiros somente com o consentimento expresso da pessoa a que elas se referem."

Obs.: assertiva errada. Além da hipótese mencionada na questão, poderá também ser autorizada a divulgação ou acesso da informação por terceiros diante de previsão legal (art. 31, § 1º, II, da LAI).

- *Município de Sorocaba-SP/Procurador/ 2018 – VUNESP*

  "Em decorrência do funcionamento do Sistema Único de Saúde, é natural que em um Município sejam mantidos arquivos eletrônicos com informações sobre pacientes que frequentam as unidades de saúde municipais. Tais informações podem ter caráter cadastral (como endereço, telefone etc.) ou caráter médico (doenças, tratamentos, medicamentos, exames, diagnósticos etc.). Os dados dos pacientes mantidos em tais arquivos

  C) poderão ter sua divulgação autorizada ou acessados por terceiros, independentemente de previsão legal ou consentimento expresso do paciente."

  Obs.: alternativa errada (art. 31, § 1º, II, da LAI).

- *TCE-PR/ Auditor/ 2016 – CESPE*

  "A respeito de responsabilidades dos agentes públicos, conforme disposto na LAI, assinale a opção correta.

  D) Informações pessoais relativas à intimidade, vida privada, honra e imagem não podem ser divulgadas pelo agente público, independentemente de consentimento expresso da pessoa a que elas se referirem."

  Obs.: alternativa errada (art. 31, § 1º, II, da LAI).

Observação: outras provas que já cobraram o mesmo tema:

- *SEPOG SP/ Controle e auditoria/ 2017 – VUNESP;*
- *ARTESP/ Especialista em Reg. Transportes/ 2017 – FCC;*
- *TRF 2ª Região/ Téc. Judiciário/ 2017 – CONSULPLAN;*
- *DESENVOLVE-SP/ Analista/ 2014 – VUNESP;*
- *Etc.*

§ 2º Aquele que obtiver acesso às informações de que trata este artigo será **responsabilizado por seu uso indevido.**

1. Consequências do uso irregular de informações pessoais

Objetivando evitar o uso inapropriado de informações que se refiram à intimidade, vida privada, honra e imagem das pessoas, prevê o legislador a responsabilidade daquele que as utilizar de forma indevida. Nessa toada, estabelece o art. 32 da LAI:

> "constituem condutas ilícitas que ensejam responsabilidade do agente público ou militar:
>
> [...]
>
> V – divulgar ou permitir a divulgação ou acessar ou permitir acesso indevido à informação sigilosa ou informação pessoal".

Além da responsabilização prevista na LAI, tais condutas ilícitas poderão repercutir ainda nas esferas civil e criminal.

Aplicação em concurso:

- *Prefeitura de Guarulhos – SP/Agente de Fiscalização/2016 – VUNESP*

  "De acordo com o que determina a Lei nº 12.527/2011, sobre as informações pessoais, assinale a alternativa correta.

  D) Aquele que obtiver acesso às informações pessoais não será responsabilizado pelo seu uso indevido."

  Obs.: alternativa errada (art. 31, § 2º, da LAI).

- *DESENVOLVE-SP/ analista/ 2014 – VUNESP*

  "A Lei de Acesso à Informação (Lei Federal nº 12.527/11) prevê que as informações pessoais

  B) poderão ser manipuladas por agentes públicos legalmente autorizados, não podendo tais agentes, aos quais é franqueado o acesso às informações pessoais, serem responsabilizados por seu uso indevido."

  Obs.: alternativa errada (art. 31, § 2º, da LAI).

§ 3º O **consentimento** referido no inciso II do § 1º **não será exigido quando as informações forem necessárias;**

1. Hipóteses de inexigibilidade de consentimento do titular da informação pessoal para sua divulgação ou acesso por terceiros

Em algumas situações excepcionais e no intuito de proteger outros direitos fundamentais, autorizou o legislador o acesso por terceiros ou a divulgação de informações pessoais, independentemente do consentimento daquele a que se refira a informação.

I – à **prevenção e diagnóstico médico**, quando a **pessoa estiver física ou legalmente incapaz**, e para **utilização única e exclusivamente para o tratamento médico;**

1. O acesso à informação pessoal para a prevenção e diagnóstico médico do incapaz

Nas hipóteses em que o indivíduo não puder, por si só, manifestar sua vontade e, desde que a informação seja utilizada única e exclusivamente para o tratamento médico, seu consentimento será dispensado para o acesso e divulgação de suas informações pessoais.

Aplicação em concurso:

- *Prefeitura de Osasco – SP/Analista de RH/2014 – FGV*

  "Um servidor sofreu um mal súbito grave, está internado e incapaz de se comunicar. A equipe médica precisa dos últimos exames cardiológicos realizados por ele para especificar seu diagnóstico e tratamento. Sua esposa tem conhecimento de que o servidor havia realizado os exames necessários, quando do seu ingresso na Prefeitura, a qual, inclusive, promovia, por meio de seu Núcleo de Medicina do Trabalho, exames periódicos. Em razão disso, peticiona perante a Secretaria de Administração, solicitando cópia do prontuário médico e dos laudos desses exames. A informação:

  E) deve ser fornecida, porque não se exige o consentimento do titular dos exames, quando a pessoa estiver física ou legalmente incapaz, desde que seja para utilização única e exclusivamente para o tratamento médico."

  Obs.: a alternativa correta é a letra "E" (art. 31, § 3º, I, da LAI).

II – à realização de **estatísticas e pesquisas científicas de evidente interesse público** ou geral, **previstos em lei**, sendo **vedada a identificação da pessoa a que** as informações **se referirem**;

1. Acesso a dados pessoais imprescindíveis a estudos de comprovado interesse público

Similarmente será dispensado o consentimento do titular para o acesso à informação, quando o Estado, na atividade estatística e de pesquisa, necessitar colher dados e informações pessoais que atendam às necessidades dos mais diversos segmentos da sociedade e, inclusive, da própria Administração Pública.

Aplicação em concurso:

- *Município de Sorocaba – SP/Procurador/2018 – VUNESP*

  "Em decorrência do funcionamento do Sistema Único de Saúde, é natural que em um Município sejam mantidos arquivos eletrônicos com informações sobre pacientes que frequentam as unidades de saúde municipais. Tais informações podem ter caráter cadastral (como endereço, telefone etc.) ou caráter médico (doenças, tratamentos, medicamentos, exames, diagnósticos etc.). Os dados dos pacientes mantidos em tais arquivos

E) poderão ser utilizados para a realização de estatísticas e pesquisas científicas de evidente interesse público ou geral, desde que haja consentimento do paciente."

Obs.: alternativa errada. Nesse caso, tal consentimento é prescindível (art. 31, § 3º, II, da LAI).

- *DESENVOLVE-SP/Analista/2014 – VUNESP*

  "A Lei de Acesso à Informação (Lei Federal nº 12.527/11) prevê que as informações pessoais

  A) poderão ser utilizadas para a realização de estatísticas e pesquisas científicas de evidente interesse público ou geral, previstas em lei, desde que haja consentimento das pessoas a que elas se referirem."

  Obs.: alternativa errada (art. 31, § 3º, II, da LAI).

III – ao **cumprimento de ordem judicial**

1. Possibilidade de acesso a informações pessoais no cumprimento de ordem judicial

Devido à função constitucional atribuída ao Poder Judiciário de assegurar e garantir a autoridade de suas decisões, mais uma vez, dispensa o legislador o consentimento do titular para que se tenha acesso à informação pessoal, dessa vez para que se dê cumprimento à ordem judicial.

Aplicação em concurso:

- *TRT2/Arquivologia/2014/FCC*

  "Considere as disposições abaixo, relacionadas com a Lei de Acesso à Informação, de 18 de novembro de 2011.

  I. O consentimento expresso da pessoa a quem se referem as informações é dispensado se necessárias ao cumprimento de ordem judicial."

  Obs.: alternativa correta (art. 31, § 3º, III, da LAI).

IV – à **defesa de direitos humanos**; ou

1. Direitos humanos X direito à intimidade

Conforme conceituado anteriormente, direitos humanos são todos aqueles inerentes à condição humana, independentemente de raça, credo, idade, condição social, idioma ou quaisquer outras exigências. Portanto, são traduzidos em verdadeiros garantidores da dignidade, erigidos como verdadeiros pilares da justiça, da liberdade, da igualdade e da paz.

No dispositivo em estudo, novamente, excepcionou o legislador a concordância do titular da informação para que terceiros a ela tenham acesso, dessa vez tutelando a defesa dos direitos humanos.

▶ **Atenção:** até o presente momento tal inciso não foi cobrado em provas pelas bancas.

V – à **proteção do interesse público e geral preponderante.**

1. Princípio da Supremacia do Interesse Público

Um dos princípios que integra o chamado "Regime Jurídico Administrativo" é consagrado "Princípio da Supremacia do Interesse Público", implícito da CF/88 e positivado no art. 2º da Lei nº 9784/99 (Lei do Processo Administrativo Federal).

Trata-se de uma verdadeira "viga mestra" da Administração Pública, ou para alguns "uma legítima pedra de toque" do Direito Administrativo, preconizando que no embate entre o interesse egoístico (privado) e o interesse público este prevalecerá.

Nessa toada, e buscando a proteção do interesse público e geral, mais uma vez, prevê a LAI que será dispensado o consentimento do titular para o acesso à informação.

▶ **Esquematizando art. 31, § 3º:**

Hipóteses de inexigibilidade de consentimento do titular da informação para divulgação ou acesso por terceiros:
▢ Acesso necessário para prevenção e diagnóstico médico do titular que esteja física ou legamente incapaz;
▢ Realização de estatísticas e pesquisas de interesse público, previstos em lei, vedada identificação do titular da informação;
▢ Cumprimento de ordem judicial;
▢ Defesa de Direitos Humanos;
▢ Proteção do interesse público e geral preponderante.

§ 4º A **restrição de acesso** à informação relativa à vida privada, honra e imagem de pessoa **não poderá ser invocada com o intuito de prejudicar** processo de **apuração de irregularidades** em que o **titular das informações** estiver **envolvido**, bem como em **ações** voltadas **para a recuperação de fatos históricos de maior relevância**.

1. Proibição de invocação de restrição de acesso a informações pessoais para acobertar irregularidades em que o titular das informações estiver envolvido ou que possa inviabilizar a recuperação de fatos históricos de maior relevância

No dispositivo ora em comento, proibiu o legislador que o titular da informação invoque a restrição de acesso a informações pessoais com o intuito de obstar a atividade persecutória estatal em relação a eventuais ilicitudes por ele praticadas.

E na busca da preservação da memória nacional, igualmente, é vedada tal salvaguarda quando esta tiver a potencialidade de prejudicar ações voltadas para a recuperação de fatos históricos de maior relevância.

Aplicação em concurso:

- *DPE-RS/Analista/ 2017 – FCC*

  "De acordo com a Lei nº 12.527/2011 – Lei de Acesso à Informação,

  C) a restrição de acesso a informações relativas à vida privada, honra e imagem da pessoa terá prevalência no caso de apuração de irregulares em que o titular das informações estiver envolvido."

  Obs.: alternativa falsa (art. 31, § 4º, da LAI).

- *Prefeitura Guarulhos – SP/Agente de Fiscalização/2016 – VUNESP*

  "De acordo com o que determina a Lei nº 12.527/2011, sobre as informações pessoais, assinale a alternativa correta.

  E) A restrição de acesso à informação relativa à vida privada, honra e imagem de pessoa poderá ser invocada com o intuito de sonegar informações nas ações voltadas à recuperação de fatos históricos de maior relevância."

  Obs.: alternativa errada (art. 31, § 4º, da LAI).

- *SUSIPE/Técn. Enfermagem/2018 – AOCP*

  "A Constituição Federal Brasileira é o instrumento normativo superior às demais regras jurídicas. Não obstante, para a efetivação de diversas regras constitucionais, é necessário que seja criada uma lei infraconstitucional.

Assim, considerando o contido no texto constitucional, na Lei de Licitações e na Lei do Acesso à informação, assinale a alternativa correta.

E) Mesmo em razão do direito ao acesso à informação, por força do direito da inviolabilidade à intimidade, à vida privada, à honra e à imagem, constitucionalmente reconhecido, a obtenção de informações pessoais de terceiros prescinde de autorização destes, razão pela qual tal direito pode ser invocado quando se tratar de fatos históricos de extrema relevância a serem recuperados."

Obs.: alternativa errada (art. 31, § 4º, da LAI).

§ 5º **Regulamento disporá** sobre os **procedimentos** para **tratamento de informação pessoal.**

1. Regulamentação do procedimento para tratamento de informações pessoais

Os contornos gerais do procedimento para o tratamento de informações pessoais são previstos na seção V do capítulo IV da LAI e o seu detalhamento será estabelecido em regulamento a ser expedido pela própria Administração Pública; esse papel é cumprido, por exemplo, pelo Decreto nº 7724/12 em seu pelo capítulo VII, nos termos dos arts. 55 a 62.

CAPÍTULO V
DAS RESPONSABILIDADES

Art. 32. Constituem **condutas ilícitas** que ensejam **responsabilidade do agente público ou militar:**

1. Responsabilidade do agente público ou militar no contexto da LAI

Estabelece a LAI, em seu art. 32, um verdadeiro "catálogo" de condutas ilícitas que, se praticadas por agentes públicos (civis ou militares), ensejarão a aplicação de sanções por parte do Estado.

Vale destacar que tais condutas ilegais se referem apenas aos agentes públicos; e, além de repercutirem na esfera administrativa/disciplinar, também, podem ter reflexos nas searas criminal e civil.

▶ **Atenção:** nas questões que tratam dos incisos do art. 32 da LAI, ora a banca trará corretamente uma infração que enseja a responsabilidade do agente público e ora trará uma conduta que não caracteriza nenhuma ilegalidade.

I – recusar-se a fornecer informação requerida nos termos desta Lei, **retardar** deliberadamente o seu **fornecimento** ou **fornecê-la** intencionalmente de **forma incorreta, incompleta ou imprecisa**;

1. Não fornecimento, fornecimento retardado ou incompleto de informações

Logo no primeiro inciso do art. 32, temos a conduta do agente público que não atende o pedido de acesso à informação e, de forma ilegal, recusa o fornecimento dos dados solicitados ou simplesmente cria embaraços ao interessado, retardando a entrega ou até mesmo, intencionalmente, entregando dados incorretos, incompletos ou imprecisos.

Se, por ventura, o não fornecimento da informação ou seu fornecimento retardado tiver o *animus* de satisfazer interesse ou sentimento pessoal, poderá, ainda, o agente público civil responder pelo crime de prevaricação e, nesse sentido, estabelece o art. 319 do Código Penal:

> "Art. 319 – Retardar ou deixar de praticar, indevidamente, ato de ofício, ou praticá-lo contra disposição expressa de lei, para satisfazer interesse ou sentimento pessoal: Pena – detenção, de três meses a um ano, e multa, valendo ser destacado que o agente público militar está sujeito à legislação penal militar".

Aplicação em concurso:

- *UFRJ/Técnico em Contabilidade/2017 – PR-4 UFRJ*

  "A Lei n° 12.527/2011 regula o acesso à informação na Administração Pública e dispõe sobre os procedimentos a serem observados pela Administração Pública Direta e Indireta. Assinale a alternativa que contém, nos termos dessa lei, conduta(s) ilícita(s) que enseja(m) responsabilidade do agente público.

  E) Recusar-se a fornecer informação requerida nos termos da lei, retardar deliberadamente o seu fornecimento ou fornecê-la intencionalmente de forma incorreta, incompleta ou imprecisa."

  Obs.: assertiva correta. (art. 32, I, da LAI).

- *TCE-PE/Cargos 1 e 2/2017 – CESPE*

  "De acordo com dispositivos da Lei Nº 12.527/2011 (Lei de Acesso à Informação), julgue o item seguinte.

  É prerrogativa do agente público a recusa em fornecer informação regularmente requerida nos termos da referida lei, desde que esteja autorizado pela chefia imediata."

Obs.: assertiva incorreta. Tal recusa indevida pode ensejar a responsabilidade do agente público civil ou militar (art. 32, I, da LAI).

Observação: outras provas que já cobraram o mesmo tema:

- *UFMS/*Analista de Tecnologia da Informação*/ 2018 – FAPEC;*
- *SECULT-CE/Arquivista/2018 – UECE-CEV;*
- *UFRJ/Assistente Administrativo – Complexo Hospitalar/2017 – UFRJ;*
- *TRF 2ª Região/ Téc. Judiciário/ 2017 – CONSULPLAN;*
- *Etc.*

II – utilizar indevidamente, bem como **subtrair, destruir, inutilizar, desfigurar, alterar ou ocultar,** total ou parcialmente, **informação** que se encontre **sob sua guarda ou** a que **tenha acesso** ou conhecimento **em razão** do exercício das atribuições **de cargo, emprego** ou **função pública**;

1. Utilização indevida da informação

Referido dispositivo pune o agente público que utiliza de forma indevida a informação, incidindo em um verdadeiro desvio de finalidade no manuseio de dados que tem sob a sua custódia.

Será, da mesma forma, sancionado o servidor que praticar condutas que tenham por objeto obstar o acesso completo e íntegro a informações sob sua guarda ou que tenha acesso ou conhecimento em razão do exercício das atribuições de cargo, emprego ou função pública.

Aplicação em concurso:

- *TRF – 2ª REGIÃO/Técnico Judiciário/2017 – CONSULPLAN*

  "Nos termos da Lei nº 12.257, de 18 de novembro de 2011 (Lei de Acesso à Informação), constituem condutas ilícitas que ensejam responsabilidade do agente público ou militar, EXCETO:

  E) Utilizar indevidamente, bem como subtrair, destruir, inutilizar, desfigurar, alterar ou ocultar, total ou parcialmente, informação que se encontre sob sua guarda ou a que tenha acesso ou conhecimento em razão do exercício das atribuições de cargo, emprego ou função pública."

  Obs.: assertiva correta e que não deve ser assinalada. (art. 32, II, da LAI).

- *MPE-SP/Oficial de Promotoria I/2016/VUNESP*

  "É correto afirmar que o Oficial de Promotoria que utilizar indevidamente, bem como subtrair, destruir, inutilizar, desfigurar, alterar ou ocultar, total ou parcialmente, informação que se encontre sob sua guarda,:

E) cometerá infração administrativa, podendo responder ainda por improbidade administrativa."

Obs.: assertiva correta (art. 32, II e § 2º, da LAI).

III – agir com **dolo ou má-fé na análise das solicitações** de acesso à informação;

1. Dolo ou má-fé na análise das solicitações

Para alguns a "má-fé" pode ser vinculada à ideia de fraude, falsidade, deslealdade ou desonestidade. Nesse inciso, o intuito de legislador foi o de sancionar o servidor que de forma intencional e dissimulada, analisa o pedido de informações de modo a prejudicar ou obstaculizar o acesso aos dados ou às informações pretendidas.

Aplicação em concurso:

- *UFMS/Analista de Tecnologia da Informação/2018 – FAPEC*

  "Considerando a Lei de Acesso à Informação (Lei n.° 12.527/2011), constituem condutas ilícitas que ensejam responsabilidade do agente público ou militar, EXCETO:

  D) agir com dolo ou má-fé na análise das solicitações de acesso à informação."

  Obs.: assertiva correta e que não deve ser assinalada, visto que a banca não busca uma conduta ilícita. (art. 32, IV, da LAI).

IV – **divulgar** ou **permitir** a **divulgação** ou **acessar** ou **permitir acesso indevido à informação sigilosa ou informação pessoal**;

1. Acesso indevido à informação sigilosa ou informação pessoal

Novamente a LAI tenta coibir o desvio de finalidade no acesso e divulgação de informações pessoais ou sigilosas. Nesse inciso, estabelece o legislador a punição daquele agente estatal que não apenas divulga ou acessa indevidamente informação sigilosa ou pessoal, mas, do mesmo modo, aquele que permite que terceiros o façam.

Aplicação em concurso:

- *UFMS/Analista de Tecnologia da Informação/2018 – FAPEC*

  "Considerando a Lei de Acesso à Informação (Lei nº 12.527/2011), constituem condutas ilícitas que ensejam responsabilidade do agente público ou militar, EXCETO:

D) agir com dolo ou má-fé na análise das solicitações de acesso à informação."

Obs.: assertiva correta e que não deve ser assinalada, visto que a banca não busca uma conduta ilícita. (art. 32, IV, da LAI).

- *CFO-DF/Administrador/2017 – Quadrix*

"No que se refere à Lei nº 12.527/2011, que trata do acesso a informações, julgue o próximo item. Suponha-se que João seja empregado de uma empresa que preste serviços a uma autarquia e tenha sido acusado de divulgar ou permitir a divulgação de informação sigilosa ou pessoal. Nesse caso, responderá diretamente pelo dano causado a terceiros a empresa privada prestadora de serviços."

Obs.: alternativa incorreta. João praticou conduta ilícita nos termos do art. 32, IV, da LAI.

V – **impor sigilo à informação** para obter **proveito pessoal** ou de **terceiro**, ou para fins de **ocultação de ato ilegal** cometido por si ou por outrem;

1. Sigilo indevido de informações

Sabemos que o livre acesso a informações só poderá ser mitigado quando houver expressa previsão legal: informações sigilosas ou pessoais. Caso o agente público estabeleça ilegalmente o sigilo da informação na busca de interesses escusos, praticará infração prevista na LAI, passível de sanção.

Aplicação em concurso:

- *Prefeitura Ipumirim – SC/Professor de Ensino Fundamental/2016 – AMAUC*

"Com a aprovação da Lei de Acesso à Informação em 2011, o Brasil deu um importante passo à consolidação da democracia, ampliando a participação cidadã e fortalecendo os instrumentos de controle da gestão pública. A lei prevê a designação de um servidor em cada órgão da administração para acompanhar a implementação da lei e executar as tarefas da função. Este servidor terá obrigações e será passível de responsabilização quando:

Assinale a opção incorreta:

B) impor sigilo à informação para obter proveito pessoal ou de terceiro, ou para fins de ocultação de ato ilegal cometido por si ou por outrem."

Obs.: assertiva correta (art. 32, V, da LAI).

VI – ocultar da revisão de autoridade superior competente informação sigilosa para **beneficiar a si ou a outrem, ou em prejuízo de terceiros;**

1. **Ocultação indevida de revisão de informação sigilosa por autoridade superior**

Já verificamos, ao estudarmos a seção II do capítulo III da LAI (Dos Recursos), que frente a negativa de acesso à informação, são cabíveis recursos administrativos que serão examinados, num primeiro momento, pela autoridade hierarquicamente superior àquela que exarou a decisão que vedou o acesso.

Nesse cenário, será punido o funcionário público que ocultar da revisão de autoridade superior competente informação sigilosa com o *animus* de beneficiar a si ou a outrem, ou em prejuízo de terceiros.

Aplicação em concurso:

- *DETRAN-SP/Oficial de Trânsito/2013 – VUNESP*

  "Nos termos do que prescreve a Lei nº 12.527/2011, o agente público que ocultar da revisão de autoridade superior competente informação sigilosa para beneficiar a si ou a outrem, ou em prejuízo de terceiros,

  C) poderá sofrer a pena de, no mínimo, suspensão, e poderá responder, também, por improbidade administrativa."

  Obs.: assertiva correta (art. 32, VI, §§ 1º, II, e 2º, da LAI).

- *CHS/Técnico em Radiologia/2014 – CETRO*

  "Segundo a Lei nº 12.527/2011, constituem condutas ilícitas que ensejam responsabilidade do agente público ou militar

  III. ocultar da revisão de autoridade superior competente informação sigilosa para beneficiar a si ou a outrem, ou em prejuízo de terceiros."

  Obs.: assertiva correta (art. 32, VI, da LAI).

VII – destruir ou subtrair, por qualquer meio, **documentos concernentes a possíveis violações de direitos humanos por parte de agentes do Estado.**

1. **Destruição ou subtração de documentos relativos a violações de direitos humanos**

O dispositivo em questão, pune o agente público que de alguma forma oculta ou inutiliza documentos potencialmente hábeis para provar eventuais afrontas a direitos humanos por parte do Estado e seus agentes.

Destaca-se, ainda, que tal conduta é tipificada como crime, nos termos do art. 314 do Código Penal:

"Art. 314: Extraviar livro oficial ou qualquer documento, de que tem a guarda em razão do cargo; sonegá-lo ou inutilizá-lo, total ou parcialmente: Pena – reclusão, de um a quatro anos, se o fato não constitui crime mais grave".

Aplicação em concurso:

- *CETESB/Escriturário/2013 – VUNESP*

  "O agente público que destruir ou subtrair, por qualquer meio, documentos concernentes a possíveis violações de direitos humanos

  B) estará sujeito a pena de, no mínimo, suspensão e responder por improbidade administrativa."

  Obs.: assertiva correta (art. 32, VII, §§ 1º, II, e 2º, da LAI).

§ 1º Atendido o princípio do **contraditório, da ampla defesa e do devido processo legal**, as **condutas** descritas no caput serão **consideradas:**

1. Garantia dos Princípios Constitucionais do Contraditório, da Ampla defesa e do Devido Processo Legal

Seguindo mandamento constitucional (art. 5º, LIV e LV, da CF/88), estabelece o legislador que os princípios em questão serão observados quando da apuração das infrações elencadas no art. 32 da LAI.

O Princípio do Devido Processo Legal é um "superprincípio" que orienta todo o processo judicial e administrativo, estabelecendo que ninguém será privado de seus bens ou de seus direitos sem sua observância.

Já o Princípio da Ampla Defesa, assegura algumas garantias processuais ao acusado: defesa técnica, defesa prévia e direito de recurso. Por fim, assegura o Princípio do Contraditório o direito do acusado de provar suas alegações por todos meios lícitos de prova.

I – para fins dos regulamentos disciplinares das Forças Armadas, **transgressões militares médias ou graves**, segundo os critérios neles estabelecidos, **desde que não tipificadas em lei como crime ou contravenção penal;**

1. Infração da LAI praticada por militares

De acordo com a LAI, sendo um militar que a desrespeite, suas condutas serão consideradas para fins dos regulamentos disciplinares das Forças Armadas, transgressões militares médias ou graves, ensejando a aplicação de sanção disciplinar pela própria Administração Militar, desde que não caracterizem infrações penais.

Nesse sentido, temos, como exemplo, o Decreto nº 4.346/02 (Regulamento Disciplinar do Exército) estabelecendo eu seu art. 24:

> "Segundo a classificação resultante do julgamento da transgressão, as punições disciplinares a que estão sujeitos os militares são, em ordem de gravidade crescente:
>
> I – a advertência;
>
> II – o impedimento disciplinar;
>
> III – a repreensão;
>
> IV – a detenção disciplinar;
>
> V – a prisão disciplinar; e
>
> VI – o licenciamento e a exclusão a bem da disciplina".

II – para fins do disposto na **Lei nº 8.112**, de 11 de dezembro de 1990, e suas alterações, **infrações administrativas**, que **deverão** ser **apenadas**, no **mínimo**, **com suspensão**, segundo os critérios nela estabelecidos.

1. Infração da LAI praticada por servidores públicos civis federais

Sendo aquele que afronta a LAI um servidor público civil federal estará sujeito disciplinarmente à pena de suspensão e, nesses termos, dispõe o art. 130 da Lei nº 8112/90:

> "A suspensão será aplicada em caso de reincidência das faltas punidas com advertência e de violação das demais proibições que não tipifiquem infração sujeita a penalidade de demissão, não podendo exceder de 90 (noventa) dias".

Cumpre salientar que tal previsão se limita aos servidores públicos civis federais, não se aplicando aos servidores de outras esferas de poder, pois nesses casos aplicar-se-á a lei local (estadual ou municipal).

§ 2º Pelas condutas descritas no caput, **poderá** o **militar** ou **agente público responder**, também, por **improbidade administrativa**, conforme o disposto nas Leis n.os 1.079, de 10 de abril de 1950, e 8.429, de 2 de junho de 1992.

1. Concomitância de searas

Conforme já dito, eventuais ilicitudes praticadas por agentes públicos, no contexto da LAI, poderão ensejar sua responsabilização em várias esferas distintas. Nesse cenário, estabelece o legislador que a prática de condutas descritas no art. 32 da LAI, poderá, igualmente, ensejar a punição do agente público por ato improbidade administrativa (Lei nº 8.245/92) ou por crime de responsabilidade (Lei nº 1.079/50).

Aplicação em concurso:

- *DETRAN-SP/Oficial de Trânsito/2013 – VUNESP*

  "Nos termos do que prescreve a Lei nº 12.527/2011, o agente público que ocultar da revisão de autoridade superior competente informação sigilosa para beneficiar a si ou a outrem, ou em prejuízo de terceiros,

  C) poderá sofrer a pena de, no mínimo, suspensão, e poderá responder, também, por improbidade administrativa."

  Obs.: assertiva correta (art. 32, VI, §§ 1º, II, e 2º, da LAI).

Art. 33. A **pessoa física** ou **entidade privada** que **detiver informações** em **virtude** de **vínculo** de qualquer natureza com o **poder público** e **deixar** de **observar** o **disposto** nesta Lei **estará sujeita** às seguintes **sanções:**

I – advertência;

II – multa;

III – rescisão do vínculo com o poder público;

IV – suspensão temporária de participar em licitação e impedimento de contratar com a administração pública por prazo não superior a 2 (dois) anos; e

V – declaração de inidoneidade para licitar ou contratar com a administração pública, até que seja promovida a reabilitação perante a própria autoridade que aplicou a penalidade.

1. Sanções aplicáveis aos particulares sujeitos à LAI

Conforme já visto, a LAI, também é aplicável às entidades privadas sem fins lucrativos que recebam, para realização de ações de interesse público, recursos públicos (art. 2º). Nessa conjuntura, estarão sujeitas a reprimendas de cunho civil/administrativo as pessoas físicas ou entidades privadas que possuírem informações, em virtude de vínculo com o Estado, e deixarem de cumprir as determinações da Lei nº 12.527/11.

Em relação à sanção de multa prevista no inciso II, destaca-se que será aplicada sem prejuízo da reparação pelos danos e não poderá ser inferior a R$ 1.000,00 (mil reais), nem superior a R$ 200.000,00 (duzentos mil reais), no caso de pessoa natural ou inferior a R$ 5.000,00 (cinco mil reais) nem superior a R$ 600.000,00 (seiscentos mil reais), no caso de entidade privada, nos termos do artigo 66, § 2º, do Decreto nº 7724/12.

▶ **Atenção:** as sanções do art. 33 da LAI se restringem a particulares (pessoas naturais e jurídicas).

Aplicação em concurso:

- *IF-PB/Arquivista/2015 – IF-PB*

  "A Lei nº 12.527, de 18 de novembro de 2011, no capítulo V que trata das responsabilidades, art. 33, dispõe que a "pessoa física ou entidade privada que detiver informações em virtude de vínculo de qualquer natureza com o poder público e deixar de observar o disposto nesta Lei estará sujeita às seguintes sanções:

  I. advertência;

  II. multa;

  III. rescisão do vínculo com o poder público;

  IV. suspensão temporária de participar em licitação e impedimento de contratar com a Administração Pública por prazo não superior a 2 (dois) anos; e

  V. declaração de inidoneidade para licitar ou contratar com a Administração Pública, até que seja promovida a reabilitação perante a própria autoridade que aplicou a penalidade."

  Obs.: afirmativa correta e nos exatos termos do art. 33 da LAI.

- *SUCEN/Oficial Administrativo/2013 – IBFC*

  "A entidade privada que detiver informações em virtude de vínculo de qualquer natureza com o poder público e deixar de observar o disposto na Lei de Acesso à Informação estará sujeita à sanção de:

  C) Rescisão do vínculo com o poder público."

  Obs.: assertiva correta (art. 33, III, da LAI).

- *STF/Cargos 3 e 5/2013 – CESPE*

  "Cada item subsequente apresenta uma situação hipotética, seguida de uma assertiva a ser julgada com base na Lei de Acesso à Informação. Caso Patrícia, detentora de informações em virtude de vínculo com o poder público, deixe de observar o que dispõe a LAI, a ela poderão ser aplicadas, cumulativamente, as sanções de suspensão temporária de participar em licitação com a Administração Pública e multa:"

  Obs.: afirmativa correta (art. 33, II e IV, da LAI).

- *SUCEN/Oficial Administrativo/2013 – IBFC*

  "A entidade privada que detiver informações em virtude de vínculo de qualquer natureza com o poder público e deixar de observar o disposto na Lei de Acesso à Informação estará sujeita à sanção de:

C) Rescisão do vínculo com o poder público."

Obs.: assertiva correta (art. 33, III, da LAI).

§ 1º As **sanções** previstas nos **incisos I, III e IV poderão** ser **aplicadas juntamente com** a do **inciso II, assegurado** o **direito** de **defesa** do interessado, no respectivo processo, no **prazo** de **10** (dez) **dias**.

1. Cumulação de sanções

Em observância ao Princípio da Proporcionalidade, e para que todos sejam punidos na exata medida de seus atos, estabelece o legislador que as penalidades de advertência, rescisão do vínculo com o poder público e suspensão temporária de participar em licitação e impedimento de contratar com a Administração Pública, poderão ser aplicadas juntamente com a pena de multa.

§ 2º A **reabilitação** referida no inciso V será **autorizada somente** quando o **interessado efetivar** o **ressarcimento** ao órgão ou entidade dos prejuízos resultantes **e após decorrido** o **prazo da sanção** aplicada com base no **inciso IV.**

1. Requisitos para a reabilitação

A reabilitação – ocultação dos efeitos da condenação – do particular condenado por afrontas à LAI é condicionada ao cumprimento de dois requisitos: a indenização ao órgão ou entidade dos prejuízos resultantes e decurso do prazo de suspensão temporária de participar em licitação e impedimento de contratar com a Administração Pública por prazo não superior a 2 (dois) anos.

Aplicação em concurso:

- *PGE-MT/Técnico Administrativo/2016 – FCC*

  "A retenção de informações, por parte de pessoa física ou entidade privada que possuir qualquer tipo de vínculo com o poder público, está sujeita a sanções previstas na Lei de Acesso à Informação, promulgada em novembro de 2011. Dentre as sanções previstas, está a rescisão do vínculo com o poder público, que pode ser aplicada juntamente com penalidade de

  A) reabilitação perante a própria autoridade que aplicou a penalidade".

  Obs: afirmativa incorreta (art. 33, II, da LAI). A sanção de rescisão do vínculo com o poder público pode ser aplicada juntamente a multa. A reabilitação não é sanção e sim um instituto que viabiliza a ocultação dos efeitos da condenação.

§ 3º A **aplicação** da **sanção** prevista no **inciso V** é de **competência exclusiva** da **autoridade máxima** do **órgão** ou **entidade pública**, **facultada** a **defesa** do interessado, no respectivo processo, no **prazo** de **10** (dez) **dias da abertura de vista**.

1. Competência para a declaração de inidoneidade

Consoante o § 3º do art. 33 da LAI, caberá exclusivamente à autoridade máxima do órgão ou entidade pública aplicar a sanção ao particular (pessoa natural ou ente moral) de declaração de inidoneidade para licitar ou contratar com a Administração Pública.

Tal competência é de ordem "exclusiva", não sendo passível de delegação[47] e o acusado, em respeito ao Princípio da Ampla Defesa (art. 5º, LV, da CF/88) terá o prazo de 10 (dez) dias para se defender.

Art. 34. Os **órgãos** e **entidades públicas respondem** diretamente pelos **danos causados** em decorrência da **divulgação não autorizada** ou **utilização indevida** de **informações sigilosas ou** informações **pessoais**, **cabendo** a **apuração** de **responsabilidade** funcional nos **casos de dolo ou culpa**, **assegurado** o respectivo **direito de regresso**.

1. Responsabilidade objetiva do Estado no contexto da LAI

No *caput* do art. 34, seguindo previsão constitucional[48], determina o legislador que o Estado responderá objetivamente pelos danos causados em decorrência da divulgação não autorizada ou utilização indevida de informações sigilosas ou informações pessoais.

Na responsabilidade objetiva, basta a prova do fato (conduta), do dano (resultado) e do nexo causal (liame) entre ambos, dispensando-se a comprovação por parte do lesado do elemento subjetivo (dolo ou culpa), cabendo ao Estado apurá-lo em ação de regresso (responsabilidade subjetiva).

Parágrafo único. O **disposto** neste artigo **aplica**-se à **pessoa física ou entidade privada** que, em **virtude de vínculo** de qualquer natureza com órgãos

47. Art. 13 da Lei nº 9784/99: Não podem ser objeto de delegação: [...] III – as matérias de competência exclusiva do órgão ou autoridade.

48. Art. 37, § 6º, da CF/88: As pessoas jurídicas de direito público e as de direito privado prestadoras de serviços públicos responderão pelos danos que seus agentes, nessa qualidade, causarem a terceiros, assegurado o direito de regresso contra o responsável nos casos de dolo ou culpa.

ou entidades, **tenha acesso a informação sigilosa ou pessoal** e **a submeta** a **tratamento indevido**.

1. Responsabilidade dos particulares pelo tratamento indevido de informações pessoais ou sigilosas

O legislador não restringiu a responsabilidade objetiva por danos decorrentes da utilização indevida de informações sigilosas ou pessoais a atos praticados por agentes púbicos, estendendo-a a particulares que, em virtude de vínculo com o Poder Público, tenham acesso a tais informações e a submetam a tratamento inadequado.

CAPÍTULO VI
DISPOSIÇÕES FINAIS E TRANSITÓRIAS

Art. 35. (VETADO).

§ 1º **É instituída a Comissão Mista de Reavaliação de Informações**, que decidirá, no âmbito da administração pública federal, sobre o tratamento e a classificação de informações sigilosas e terá competência para:

1. A Comissão Mista de Reavaliação de Informações e suas competências

A Comissão Mista de Reavaliação de Informações (CMRI) é um órgão colegiado interministerial que possui uma série de competências relacionadas ao tratamento e à classificação de informações sigilosas; atuando, também, no âmbito do Poder Executivo Federal, como última instância recursal administrativa na análise de negativas de acesso à informação. Cabe, da mesma forma, à CMRI a expedição de atos normativos com o fito suprir eventuais hiatos na aplicação das normas que tenham relação com o acesso à informação.

I – requisitar da autoridade que classificar informação como ultrassecreta e secreta esclarecimento ou conteúdo, parcial ou integral da informação;

1. Competência para requisitar esclarecimentos da autoridade classificadora

Conforme o inciso II do p. ú do art. 35 da LAI, cabe à CMRI "requisitar da autoridade que classificar informação como ultrassecreta e secreta esclarecimento ou conteúdo, parcial ou integral da informação" e, complementando tal determinação legal, estabelece o inciso II do art. 47 do Decreto nº 7724/12 que tal requisição só será necessária quando as informações constantes do "Termo de Classificação de Informação – TCI" não forem suficientes para a revisão da classificação. Tal atribuição, do mesmo modo, é positivada no art. 1º, II, da Resolução nº 01 de 21 de dezembro de 2012 da CMRI: Regimento Interno da Comissão Mista de Reavaliação de Informações.

II – rever a classificação de informações ultrassecretas ou secretas, de ofício ou mediante provocação de pessoa interessada, observado o disposto no art. 7º e demais dispositivos desta Lei; e

1. Competência para rever a classificação de informações

Cabe, igualmente, à CMRI rever, *ex officio* ou mediante provocação do interessado, a classificação de informações ultrassecretas ou secretas; sendo que o prazo máximo para revisão de ofício de tais informações é de 4 (quatro) anos (art. 35, § 3º, da LAI).

Aplicação em concurso:

- *ANP/Analista Administrativo – Área 1/2013 – CESPE*

  "Com base na Lei de Acesso à Informação, Lei nº 12.527/2011, julgue os itens seguintes. Cabe à comissão mista de reavaliação de informações rever, de ofício ou mediante provocação de pessoa interessada, a classificação de informações ultrassecretas ou secretas."

  Obs.: alternativa correta (art. 35, p. ú, II, da LAI).

III – prorrogar o prazo de sigilo de informação classificada como ultrassecreta, sempre por prazo determinado, enquanto o seu acesso ou divulgação puder ocasionar ameaça externa à soberania nacional ou à integridade do território nacional ou grave risco às relações internacionais do País, observado o prazo previsto no § 1º do art. 24.

§ 2º **O prazo** referido no inciso III **é limitado a uma única renovação.**

1. Competência para prorrogar o prazo de sigilo de informação classificada como ultrassecreta

É, da mesma forma, atribuição da CMRI (art. 35, § 2º, da LAI), determinar, uma única vez, a dilação por período determinado não superior a 25 (vinte e cinco) anos do prazo de sigilo dos dados classificados no grau ultrassecreto, quando a publicidade de tais informações puder comprometer a soberania nacional, a integridade de nosso território ou criar grave risco às relações internacionais do País.

▶ ESQUEMATIZANDO ART. 35, § 1º:

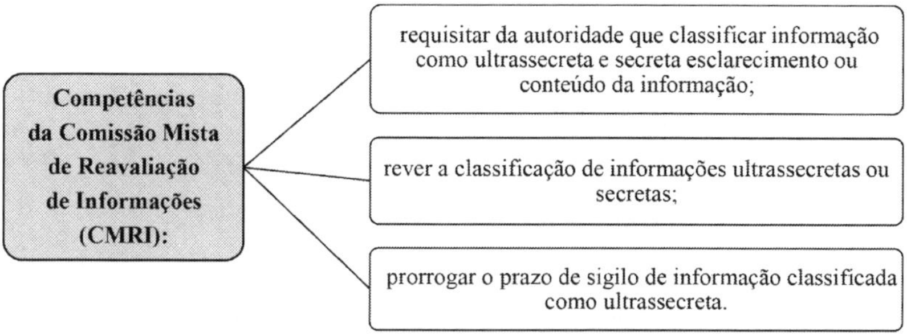

▶ **Atenção:** será de 50 (cinquenta) anos o prazo máximo e total da classificação da informação ultrassecreta.

Aplicação em concurso:

- *TJ-AM/Analista Judiciário – Arquivologia/2013 – FGV*

  "A Comissão Mista de Reavaliação de Informações decidirá, no âmbito da Administração Pública Federal, sobre o tratamento e a classificação de informações sigilosas. Essa Comissão tem competência para

  B) prorrogar o prazo de sigilo de informação classificada como ultrassecreta, sempre por prazo indeterminado."

  Obs.: alternativa incorreta. Cabe à CMRI prorrogar o prazo de sigilo de informação classificada como ultrassecreta, sempre por prazo determinado, respeitando o prazo máximo de classificação de 50 anos (art. 35, p. ú, III, da LAI).

§ 3º A revisão de ofício a que se refere o inciso II do § 1º deverá ocorrer, no máximo, a cada 4 (quatro) anos, após a reavaliação prevista no art. 39, quando se tratar de documentos ultrassecretos ou secretos.

1. Revisão de ofício da classificação de informações ultrassecretas ou secretas

Conforme já visto no inciso III do § 1º do art. 35 da LAI, cabe à CMRI rever a classificação de informações ultrassecretas ou secretas, de ofício ou mediante provocação de pessoa interessada. No que tange a revisão de ofício, estabelece o legislador que esta ocorrerá a cada 4 (quatro) anos, sempre após a reavaliação interna realizada pelos órgãos e entidades públicas no prazo máximo de 2 (dois) anos, tendo como termo inicial a vigência da LAI.

§ 4º **A não deliberação sobre a revisão** pela Comissão Mista de Reavaliação de Informações nos prazos previstos no § 3º **implicará a desclassificação automática das informações.**

1. Desclassificação automática das informações

De acordo com a LAI, não revista pela CMRI a classificação de informações ultrassecretas ou secretas, no prazo máximo de 4 (quatro) anos, serão os dados automaticamente desclassificados e terão o acesso irrestrito.

Destaca-se que a revisão de ofício da informação classificada no grau ultrassecreto ou secreto será apreciada em até três sessões anteriores à data de sua desclassificação automática, conforme art. 51 do Decreto nº 7724/12.

§ 5º **Regulamento disporá sobre a composição, organização e funcionamento da Comissão Mista de Reavaliação de Informações**, observado o **mandato de 2 (dois)** anos para seus integrantes e demais disposições desta Lei.

1. Composição, organização e funcionamento da Comissão Mista de Reavaliação

A estrutura e a composição da CMRI ficam a cargo, principalmente, do Decreto nº 7724/12 (arts. 46 a 54) e da Resolução nº 01/12 da CMRI (Regimento Interno da Comissão Mista de Reavaliação de Informações).

Consoante o art. 46 do Decreto nº 7724/12, a CMRI será integrada pelos titulares dos seguintes órgãos: da Casa Civil da Presidência da República, que a presidirá, do Ministério da Justiça e Segurança Pública, do Ministério das Relações Exteriores, do Ministério da Defesa, do Ministério da Economia, do Ministério da Mulher, da Família e dos Direitos Humanos, do Gabinete de Segurança Institucional da Presidência da República, da Advocacia-Geral da União e da Controladoria-Geral da União.

A Comissão Mista de Reavaliação de Informações se reunirá, ordinariamente, uma vez por mês, e, extraordinariamente, sempre que convocada por seu Presidente, suas reuniões serão realizadas com a presença de no mínimo seis integrantes, conforme art. 48 do Decreto nº 7724/12.

Art. 36. O **tratamento de informação** sigilosa resultante de **tratados, acordos ou atos internacionais atenderá às normas e recomendações** constantes **desses instrumentos.**

1. A LAI e as regras de Direito Internacional

Em respeito às regras de Direito Internacional e aos tratados, acordos ou instrumentos congêneres dos quais o Brasil seja signatário, estabelece a LAI que o tratamento de informação sigilosa que deles decorra atenderá suas previsões e recomendações.

Aplicação em concurso:

- *ANAC/ Técnico/ 2016 – ESAF*

  "A respeito da Lei de Acesso à Informação, assinale a opção correta.

  B) O tratamento de informação sigilosa resultante de tratados, acordos ou atos internacionais submete-se inteiramente às normas constantes da Lei nº 12.527/2011."

  Obs.: alternativa incorreta. O tratamento de informação sigilosa resultante de tratados, acordos ou atos internacionais atenderá às normas e recomendações constantes desses instrumentos (art. 36 da LAI)

Art. 37. É **instituído,** no **âmbito** do **Gabinete de Segurança Institucional da Presidência da República,** o **Núcleo de Segurança e Credenciamento** (NSC), que tem por **objetivos:**

1. Núcleo de Segurança e Credenciamento (NSC)

O Núcleo de Segurança e Credenciamento é o órgão central de credenciamento de segurança, integrando o Gabinete de Segurança Institucional da Presidência da República. Dentre outras competências do NSC, cabe a ele tratar dos procedimentos para o credenciamento de segurança e tratamento de informação classificada em qualquer grau de sigilo no âmbito do Poder Executivo Federal.

O art. 37 da LAI e seus incisos elencam as principais competências do NSC, sendo que sua composição e organização ficam a cargo do Decreto nº 7845/12, consoante o art. 37, p. ú, da LAI.

Aplicação em concurso:

- *DPE – RR/ Sec Exec./ 2015 – FCC*

  "De acordo com a Lei nº 12.527, de 18 de novembro de 2011,

  E) um Núcleo de Segurança e Credenciamento deverá funcionar em cada Defensoria Pública, garantindo a execução de seus dispositivos."

  Obs.: alternativa incorreta. O NSC integra o Gabinete de Segurança Institucional da Presidência da República (art. 37, caput, da LAI).

I – promover e propor a regulamentação do credenciamento de segurança de pessoas físicas, empresas, órgãos e entidades **para tratamento de informações sigilosas**; e

II – garantir a segurança de informações sigilosas, inclusive aquelas **provenientes de países ou organizações internacionais** com os quais a República Federativa do Brasil tenha firmado tratado, acordo, contrato ou qualquer outro ato internacional, **sem prejuízo das atribuições do Ministério das Relações Exteriores** e dos demais órgãos competentes

Parágrafo único. Regulamento disporá sobre a **composição, organização e funcionamento do NSC.**

1. Competências do Núcleo de Segurança e Credenciamento

Conforme já dito, os incisos do art. 37 da LAI trazem as principais competências do NSC, que serão minudenciadas pelo art. 3º do Decreto nº 7845/12, a saber:

> "Compete ao Núcleo de Segurança e Credenciamento [...]:
>
> I – habilitar os órgãos de registro nível 1 para o credenciamento de segurança de órgãos e entidades públicas e privadas, e pessoas para o tratamento de informação classificada;
>
> II – habilitar postos de controle dos órgãos de registro nível 1 para armazenamento de informação classificada em qualquer grau de sigilo;
>
> III – habilitar entidade privada que mantenha vínculo de qualquer natureza com o Gabinete de Segurança Institucional da Presidência da República para o tratamento de informação classificada;
>
> IV – credenciar pessoa que mantenha vínculo de qualquer natureza com o Gabinete de Segurança Institucional da Presidência da República para o tratamento de informação classificada;
>
> V – realizar inspeção e investigação para credenciamento de segurança necessárias à execução do previsto, respectivamente, nos incisos III e IV do caput; e
>
> VI – fiscalizar o cumprimento das normas e procedimentos de credenciamento de segurança e tratamento de informação classificada".

▶ ESQUEMATIZANDO ART. 37:

Objetivos do Núcleo de Segurança e Credenciamento (NSC):

- promover e propor a regulamentação do credenciamento de segurança de pessoas físicas, empresas, órgãos e entidades para tratamento de informações sigilosas;
- garantir a segurança de informações sigilosas, inclusive aquelas provenientes de países ou organizações internacionais com os quais a República Federativa do Brasil tenha firmado tratado, acordo, contrato ou qualquer outro ato internacional, sem prejuízo das atribuições do Ministério das Relações Exteriores e dos demais órgãos competentes.

Aplicação em concurso:

- *CM – RJ/Analista Legislativo/2015 – SMA-RJ*

  "De acordo com a Lei 12.527/2011, constituem condutas ilícitas que ensejam responsabilidade do agente público ou militar:

  C) promover e propor a regulamentação do credenciamento de segurança de pessoas físicas, empresas, órgãos e entidades para tratamento das informações sigilosas."

  Obs.: alternativa incorreta. A assertiva não traz uma conduta ilícita nos termos do art. 32 da LAI e sim uma das competências do NSC (art. 37, I, da LAI).

Art. 38. Aplica-se, no que couber, a **Lei nº 9.507**, de 12 de novembro de 1997, em **relação à informação de pessoa, física ou jurídica**, constante de registro ou banco de dados de entidades governamentais ou de caráter público.

1. Aplicação subsidiária da Lei nº 9.507/1997

Estabelece o art. 38, *caput*, da LAI que haverá, no que couber, a aplicação subsidiária da Lei nº 9507/97 no que tange a informação de pessoa, física ou jurídica, constante de registro ou banco de dados de entidades governamentais ou de caráter público.

Tal diploma também regula o direito de acesso a informações e disciplina o rito processual do *habeas data*, importante remédio constitucional positivado no art. 5º, LXXII, da CF/88[49].

49. Art. 5º, LXXII, da CF/88: conceder-se-á habeas data: a) para assegurar o conhecimento de informações relativas à pessoa do impetrante, constantes de registros ou bancos de

Ressalta-se que a aplicação subsidiária dos procedimentos da "Lei do *Habeas Data*" à LAI restringe-se aos dados de pessoa, natural ou ente moral, que conste de registro ou banco de dados de entidades governamentais ou de caráter público.

Nesse sentido, estabelece o art. 1º, p. ú, da Lei nº 9507/97:

> "Considera-se de caráter público todo registro ou banco de dados contendo informações que sejam ou que possam ser transmitidas a terceiros ou que não sejam de uso privativo do órgão ou entidade produtora ou depositária das informações".

Art. 39. Os órgãos e entidades públicas deverão proceder à **reavaliação das informações** classificadas como ultrassecretas e secretas **no prazo máximo de 2 (dois)** anos, contado do termo inicial de vigência desta Lei.

1. Revisão de ofício da classificação de informações ultrassecretas ou secretas

Conforme já estudado no inciso III do § 1º e § 3º do art. 35 da LAI, compete à Comissão Mista de Reavaliação de Informações rever a classificação de informações ultrassecretas ou secretas, de ofício ou mediante pedido do interessado. A revisão de ofício ocorrerá a cada 4 (quatro) anos e sempre após a reavaliação interna realizada pelos órgãos e entidades públicas classificadoras.

Nesse diapasão, preconiza o dispositivo ora em comento, que tal avaliação interna ocorrerá no prazo máximo de 2 (dois) anos, tendo como termo inicial o dia 16 de maio de 2012 (início da vigência da LAI)[50].

§ 1º A **restrição de acesso** a informações, **em razão da reavaliação** prevista no caput, **deverá observar os prazos e condições** previstos nesta Lei.

1. A reavaliação da classificação de informações e os prazos máximos de restrição ao acesso

Estabelece o § 1º do art. 39 da LAI que a reavaliação interna da classificação de informações ultrassecretas ou secretas, pelos órgãos e entidades

dados de entidades governamentais ou de caráter público; b) para a retificação de dados, quando não se prefira fazê-lo por processo sigiloso, judicial ou administrativo.

50. http://www.acessoainformacao.gov.br/assuntos/conheca-seu-direito/a-lei-de-acesso-a-informacao. Acessado em: 12.04.2019.

públicas classificadoras, deverá observar os prazos e condições nela estabelecidos; isto é, por mais que a decisão resulte da reavaliação do sigilo da informação, no sentido de mantê-lo, deverão ser obedecidos aos prazos do art. 24, § 1º. da LAI[51].

§ 2º No âmbito da administração pública federal, a **reavaliação** prevista no caput poderá ser **revista, a qualquer tempo, pela Comissão Mista de Reavaliação de Informações,** observados os termos desta Lei.

1. Revisão *ex officio* pela Comissão Mista de Reavaliação de Informações

Segundo o legislador, tem a CMRI a possibilidade de, a qualquer tempo e independentemente de provocação do interessado, proceder à reavaliação das informações classificadas como ultrassecretas e secretas no âmbito do Poder Executivo Federal.

Ressalta-se que tal competência, conferida à Comissão Mista de Reavaliação de Informações, é uma clara manifestação do "Princípio da Autotutela Administrativa", possibilitando que a própria Administração Pública reveja seus próprios atos e decisões, seja de ofício ou mediante pedido do interessado.

§ 3º Enquanto **não transcorrido o prazo de reavaliação** previsto no caput, será **mantida a classificação da informação** nos termos da legislação precedente.

1. Classificação da informação nos termos de legislação anterior à LAI

Segundo o legislador, enquanto não for realizada pela Administração Pública a reavaliação interna das informações classificadas como ultrassecretas e secretas em até 2 (dois) anos, a contar da vigência da LAI, será mantida a classificação nos moldes da legislação anterior.

§ 4º As **informações** classificadas como **secretas e ultrassecretas não reavaliadas no prazo** previsto no caput serão **consideradas, automaticamente, de acesso público.**

---

51. Art. 24, § 1°, da LAI: Os prazos máximos de restrição de acesso à informação, conforme a classificação prevista no caput, vigoram a partir da data de sua produção e são os seguintes: I – ultrassecreta: 25 (vinte e cinco) anos; II – secreta: 15 (quinze) anos; e III – reservada: 5 (cinco) anos.

1. Acesso automático das informações secretas e ultrassecretas não reavaliadas no prazo legal

Prestigiando o "Princípio da Publicidade" – e buscando evitar que a morosidade da máquina pública fosse, de alguma forma, um entrave para a transparência – determinou o legislador que as informações classificadas como secretas e ultrassecretas não reavaliadas em até 2 (dois) anos a contar da vigência da LAI (16/05/12), serão consideradas, automaticamente, de acesso público.

Aplicação em concurso:

- *ANAC/Técnico/2016 – ESAF*

  "A respeito da Lei de Acesso à Informação, assinale a opção correta.

  D) As informações classificadas como secretas e ultrassecretas no início da vigência da Lei nº 12.527/2011 e não reavaliadas até 16/05/2014 permanecerão assim classificadas até ulterior desclassificação."

  Obs.: alternativa incorreta. As informações classificadas como secretas e ultrassecretas não reavaliadas em até 2 anos, a contar da vigência da LAI (16/05/12), serão consideradas, automaticamente, de acesso público (art. 39, § 4 º, da LAI).

- *MPOG/ Técnico NS/ 2015 – CESPE*

  "O direito de acesso à informação é um direito humano fundamental e está vinculado à noção de democracia. Com relação a controle social, a transparência e à Lei de Acesso a Informação, julgue o item subsequente.

  Com os dispositivos legais que preveem a revisão das informações classificadas como secretas e ultrassecretas, as informações que não forem reavaliadas no prazo de dois anos serão, automaticamente, consideradas como informações de acesso público conforme determina a referida lei."

  Obs.: assertiva correta e nos exatos termos do art. 39, § 4 º, da LAI.

Art. 40. No **prazo de 60** (sessenta) **dias**, a **contar da vigência** desta Lei, o **dirigente máximo** de cada **órgão ou entidade da administração pública federal direta e indireta designará autoridade** que lhe seja diretamente **subordinada** para, no âmbito do respectivo órgão ou entidade, **exercer** as seguintes **atribuições**:

1. Medidas necessárias para a aplicação da LAI

Uma das decorrências do "Poder Hierárquico" da Administração Pública é a prerrogativa que tem a autoridade de emitir ordens aos seus subordinados; e, nesse sentido, buscando aplicação efetiva da LAI, estabeleceu o legislador que o dirigente máximo de cada órgão ou entidade da Administração Pública Federal Direta e Indireta designe agente que lhe seja diretamente subordinado para que, no âmbito do respectivo órgão ou entidade, exerça algumas atribuições.

I – assegurar o cumprimento das normas relativas ao acesso a informação, de forma eficiente e adequada aos **objetivos desta Lei**;

II – monitorar a implementação do disposto nesta **Lei** e **apresentar relatórios** periódicos sobre o **seu cumprimento**;

III – recomendar as **medidas** indispensáveis **à implementação** e **ao aperfeiçoamento** das normas e **procedimentos necessários** ao correto **cumprimento** do disposto nesta **Lei**; e

IV – orientar as respectivas unidades no que se refere ao **cumprimento** do disposto nesta **Lei e seus regulamentos**.

1. Atribuições da autoridade designada

O art. 40 da LAI e seus incisos trazem uma série de competências da autoridade designada. Tais atribuições não visam apenas garantir a aplicação da Lei de Acesso à Informação, mas, do mesmo modo, seu monitoramento e aperfeiçoamento.

No que tange o monitoramento da LAI, seu detalhamento é previsto no Decreto nº 7724/12, nos arts. 67 a 70, que além das incumbências elencadas no art. 40 da 12.527/11, acrescenta mais uma:

> "cabe a autoridade designada manifestar-se sobre reclamação apresentada contra omissão de autoridade competente[52]".

▶ ESQUEMATIZANDO ART. 40:

Atribuições da autoridade designada necessárias para Aplicação da LAI:
☐ assegurar cumprimento das normas dispostas na lei;
☐ monitorar implementação da lei e apresentar relatórios sobre seu cumprimento;
☐ recomendar medidas indispensáveis à implementação e ao aperfeiçoamento necessários ao cumprimento da lei;
☐ orientar as respectivas unidades quanto ao cumprimento da lei e seus regulamentos.

52. Art. 67, V, do Decreto nº 7724/12.

Art. 41. O **Poder Executivo Federal designará órgão** da administração pública federal **responsável:**

I – pela **promoção** de campanha de abrangência nacional de fomento **à cultura da transparência** na administração pública e **conscientização do direito** fundamental de **acesso à informação**;

II – pelo **treinamento de agentes públicos** no que se refere ao desenvolvimento de práticas relacionadas **à transparência na administração pública**;

III – pelo **monitoramento da aplicação da lei** no âmbito da administração pública federal, concentrando e consolidando a **publicação de informações estatísticas** relacionadas no art. 30;

IV – pelo **encaminhamento ao Congresso Nacional** de **relatório anual** com informações **atinentes à implementação desta Lei**.

1. O papel da CGU no monitoramento e aperfeiçoamento da LAI

No âmbito do Poder Executivo Federal cabe à Controladoria Geral da União exercer as atribuições do art. 41 da Lei de Acesso à Informação.

Nesse contexto, sublinha-se que os art. 68 e 69 do Decreto nº 7724/12 elencam outras incumbências à CGU, além daquelas definidas pelo legislador. Por exemplo: cabe à CGU, em conjunto com Ministério da Economia, estabelecer procedimentos, regras e padrões de divulgação de informações ao público, fixando prazo máximo para atualização.

► ESQUEMATIZANDO ART. 41:

Atribuições da CGU elencadas na LAI:

- fomento a cultura da transparência e a conscientização do direito fundamental de acesso à informação;
- treinamento de agentes públicos quanto a práticas relacionadas à transparência na administração pública;
- monitoramento da aplicação da LAI, concentrando e consolidando a publicação de informações estatísticas;
- encaminhamento de relatório anual ao Congresso Nacional com informações atinentes à implementação da LAI.

Art. 42. O **Poder Executivo regulamentará** o disposto nesta **Lei no prazo de 180** (cento e oitenta) **dias a contar** da data de sua **publicação.**

1. Regulamentação da LAI

Conforme já dito, cabe à Administração Pública regulamentar a lei, editando atos gerais de natureza derivada (decretos, instruções normativas, resoluções, portarias, etc.) e tal atuação decorre do Poder Normativo.

Nesse cenário, determina o legislador que o Poder Executivo regulamente a LAI em até 180 (cento e oitenta) dias a contar da data de sua publicação (18/11/2011).

Nessa conjuntura, foram editados no âmbito do Poder Executivo Federal, alguns regulamentos: o Decreto nº 7.724/12, que regulamenta os procedimentos para a garantia do acesso à informação e para a classificação de informações sob restrição de acesso, observados grau e prazo de sigilo; o Decreto nº 7.845/12, que trata dos procedimentos para credenciamento de segurança e tratamento de informação classificada em qualquer grau de sigilo, dispondo ainda, sobre o Núcleo de Segurança e Credenciamento; e o Decreto nº 8.777, de 11 de maio de 2016, que institui a Política de Dados Abertos do Poder Executivo Federal.

Art. 43. O **inciso VI do art. 116 da Lei nº 8.112**, de 11 de dezembro de 1990, passa a vigorar com a seguinte redação:

"Art. 116. ....

VI – levar as irregularidades de que tiver ciência em razão do cargo ao conhecimento da autoridade superior ou, quando houver suspeita de envolvimento desta, ao conhecimento de outra autoridade competente para apuração;

Art. 44. O Capítulo IV do Título IV da Lei nº 8.112, de 1990, passa a vigorar **acrescido do seguinte art. 126-A:**

"Art. 126-A. Nenhum servidor poderá ser responsabilizado civil, penal ou administrativamente por dar ciência à autoridade superior ou, quando houver suspeita de envolvimento desta, a outra autoridade competente para apuração de informação concernente à prática de crimes ou improbidade de que tenha conhecimento, ainda que em decorrência do exercício de cargo, emprego ou função pública."

1. Reflexos da LAI no regime jurídico dos servidores públicos civis da União, das autarquias e das fundações públicas federais (Lei nº 8112/90)

A Lei Federal nº 8112/90, que instituiu o regime jurídico dos servidores públicos civis da União, das autarquias e das fundações públicas federais, teve alguns de seus dispositivos alterados pela Lei de Acesso à Informação (Lei nº 12527/11).

Em um primeiro momento, e buscando zelar pelo cumprimento do regime disciplinar da Administração Pública Federal, o art. 43 da LAI alterou o disposto no inciso VI do art. 116 da Lei nº 8112/90, que em sua redação original determinava:

> "Art. 116. São deveres do servidor:
>
> [...]
>
> VI – levar ao conhecimento da autoridade superior as irregularidades de que tiver ciência em razão do cargo".

Após a alteração, o dispositivo passou a estabelecer que, quando a suspeita de envolvimento em irregularidades recair sobre autoridade superior, o agente público deverá levar o caso para o conhecimento de outra autoridade competente para apuração.

Outro reflexo da LAI no regime jurídico dos servidores públicos civis federais foi a inserção em seu texto do art. 126-A, onde o legislador, procurando evitar indevidas represálias aos agentes públicos, passou a estabelecer que:

> "Art. 126-A: nenhum servidor poderá ser responsabilizado em qualquer seara por dar ciência à autoridade superior ou, quando houver suspeita de envolvimento desta, a outra autoridade competente para apuração de informação concernente à prática de crimes ou improbidade de que tenha conhecimento".

Art. 45. Cabe aos **Estados, ao Distrito Federal e aos Municípios, em legislação própria**, obedecidas as normas gerais estabelecidas nesta Lei, definir **regras específicas, especialmente quanto ao disposto no art. 9º e na Seção II do Capítulo III.**

1. Regras específicas da LAI e a legislação local

Em grande parte, temos a LAI como "Lei Nacional", isto é, a maioria de seus dispositivos não se restringe à esfera federal, aplicando-se também aos estados e aos municípios.

Ocorre que, em respeito ao pacto federal e à autonomia administrativa de cada ente político, alguns pontos específicos da Lei nº 12527/11 demandarão a elaboração de legislação local. É o que o ocorre, por exemplo, com art. 9º, que prevê a criação do serviço de informações ao cidadão e, da mesma forma, com a Seção II do Capítulo III, que trata da parte recursal da LAI.

Art. 46. Revogam-se:

I – a Lei nº 11.111, de 5 de maio de 2005; e

II – os arts. 22 a 24 da Lei nº 8.159, de 8 de janeiro de 1991.

1. Revogação de normas anteriores à LAI

Com a promulgação da LAI foi revogada a Lei nº 11.111/05, um dos primeiros diplomas legais a tratar do acesso à informação. Nessa toada, igualmente, foram revogados os arts. 22 a 24 da Lei nº 8.159/05, que dispõe sobre a política nacional de arquivos públicos e privados e dá outras providências. Tais dispositivos tratavam do acesso e do sigilo aos documentos públicos, temas estes regulados hoje integralmente pela Lei nº 12.527/11.

Art. 47. Esta Lei entra em vigor 180 (cento e oitenta) dias após a data de sua publicação. Revogam-se:

1. Período de "vacatio legis" na LAI

Temos como "vacatio legis" o período entre a publicação da lei e a sua efetiva entrada em vigor. Sendo omissa a norma, começará a vigorar em todo o país quarenta e cinco dias depois de oficialmente publicada.[53] No caso da LAI, seu período de "vacatio legis" foi de 180 (cento e oitenta) dias; tendo sido publicada na imprensa oficial no dia 18 de novembro de 2011 e entrando efetivamente em vigor no dia 16 de maio de 2012[54].

---

53. Art. 1º do Decreto-Lei nº 4.657/42 (Lei de Introdução às normas do Direito Brasileiro).
54. http://www.acessoainformacao.gov.br/assuntos/conheca-seu-direito/a-lei-de-acesso-a-informacao. Acessado em: 11 de abril de 2019.

EDITORA
JusPODIVM
www.editorajuspodivm.com.br